Inhalt

Vorwort

Lernen ist ein Bestandteil unseres Lebens, der uns bis zum Ende begleitet. Sobald wir auf die Welt kommen beginnen wir damit verschiedenste Dinge zu lernen. Angefangen bei den grundlegenden Fähigkeiten, bis hin zu komplexeren Dingen, wie unserer Sprache. Irgendwann kommen wir dann in die Schule und nachdem wir diese hinter uns gebracht haben, geht es mit dem Lernen weiter, wenn wir unserem weiteren Bildungsweg nachgehen.

Lernen wird von den meisten Menschen als lästig empfunden und Dinge, die uns lästig sind vermeiden wir nur allzu gerne. Darüber hinaus empfinden wir einen gewissen Leistungsdruck, da es anderen Menschen spielend leicht zu fallen scheint gute Noten zu bekommen. Allerdings muss du nicht übermäßig intelligent sein, um recht einfach gute Noten zu bekommen.

In diesem Buch werden zunächst die Grundlagen behandelt, wie der Aufbau unseres Gehirns, damit du diesen Aspekt nachvollziehen kannst. Daran anschließend geht es auch schon um das Lernen. Auch hier werden zunächst grundlegende Aspekte angesprochen, bevor es im Folgenden um die Lerntypen, verschiedene Lerntechniken und weitere wichtige Aspekt des Lernens, wie beispielsweise das richtige Lesen oder Mitschreiben, geht. Des Weiteren wird das Geheimnis des Flows näher behandelt und wie du Prüfungen entspannter und mit einer Leichtigkeit meistern kannst. Zu guter Letzt gehen wir dann noch darauf ein, was passiert, wenn die Zeit mal knapp wird oder sich uns Hindernisse in den Weg stellen. Damit du keinen Mythen mehr Glauben schenkst und dein soziales Umfeld dich beim Lernen optimal unterstützen kann, folgen in den letzten Kapiteln auch zu diesen Themen Informationen.

Kurzgesagt findest du hier wirklich alles, was du zum Lernen wissen musst und brauchst, um auch spielend leicht gute Noten zu bekommen. Dafür brauchst du nicht einmal viel Zeit zu opfern und dich stressen lassen. ***Dabei wünsche ich dir viel Spaß und Erfolg.***

Frederik Holm

Unser Geschenk an dich!

Vielen Dank für den Kauf von diesem Buch und deinem damit verbundenen Vertrauen in uns als Herausgeber und in Frederik Holm als Autor dieses großartigen Buchs. Das bedeutet uns wirklich viel, weshalb wir dir den Ratgeber „Habit Hacks - 10 unscheinbare Schlüssel Gewohnheiten, die dein Leben verändern," als Download schenken - vollkommen gratis! Zudem möchten wir dir die Möglichkeit eines direkten Austauschs mit dem Autor anbieten. So kannst du z.B. deine Fragen, dein Feedback oder deine Anregungen Frederik zukommen lassen - eine tolle Möglichkeit für die Kommunikation zwischen Leser und Autor!

Diese kleinen und unscheinbaren Schlüssel Gewohnheiten verändern dein Leben - erfahre:

✓ wie eine kleine Veränderung beim Duschen deine Disziplin stärkt und dir einen Energiekick verschafft...

✓ wie eine Prise Salz dir einen Kickstart am Morgen verschaffen kann...

✓ wie eine kleine Einstellung an deinem Smartphone & Computer deinen Schlaf verbessert…

✓ und noch weitere geniale und unscheinbare Habit Hacks!

Wenn du bereit bist, dein Leben mit einigen simplen Habit Hacks auf das nächste Level zu bringen, dann schaue am Ende nach deinem persönlichen Zugang.

Kapitel 1: Das menschliche Gehirn - die Basis unserer Lernfähigkeit

 Wir lernen in den Armen unserer Eltern, im Kindergarten, auf dem Spielplatz, im Schulunterricht, auf dem Pausenhof, vor dem Fernseher und am Arbeitsplatz - trotzdem findet das Lernen dabei aber immer am selben Ort statt: im Gehirn. Aus diesem Grund widmen wir uns im ersten Kapitel dieses Buches dem wohl mit Abstand faszinierendsten menschlichen Organ, sehen uns dessen Aufbau an und finden heraus, was genau dort passiert, wenn wir lernen.

Der Aufbau des Gehirns

Das Gehirn eines erwachsenen, gesunden Menschen wiegt durchschnittlich rund 1.400 Gramm und beherbergt etwa 100 Milliarden Gehirnzellen. Diese Zellen werden Neuronen genannt, sind untereinander verknüpft und stellen so über 100 Billionen Verbindungen her, die sogenannten Synapsen. Zusammen mit dem Rückenmark bildet das Gehirn das zentrale Nervensystem. Das Organ, das in seiner Form oft mit einer Walnuss verglichen wird, hat es also ganz schön in sich. Übergeordnet lässt es sich in drei grundlegende Bereiche unterteilen:

Das Großhirn - Telencephalon

Mit Abstand am größten ist das Großhirn, das sich in zwei Hälften aufgliedert, die mit dem sogenannten Balken verbunden sind. Ohne diesen wichtigen Teil des Hirns könnte der menschliche Körper unmöglich funktionieren. Das Großhirn ist der Kommunikator, über den alle Organe aufeinander abgestimmt werden. Die Steuerung des Körpers findet dabei überkreuzt statt. Sprich: Die linke Hirnhälfte steuert die rechte Körperseite und andersherum. Zu finden ist das Telencephalon direkt unter der Schädeldecke. Die beiden Hemisphären dieses Gehirnteils lassen sich nochmals in vier Bereiche aufteilen:

Frontallappen

Der Frontallappen sorgt dafür, dass du situationsbezogen auf Reize reagieren kannst. Hier werden die sensorischen Signale mit Erinnerungen, Emotionen und früheren Bewertungen in Verbindung gebracht. Das Ergebnis aus dieser Verknüpfung prägt dein Handeln.

Parietallappen

Körperliche Wahrnehmungen, zum Beispiel Temperatur, Druck und die Beschaffenheit von Oberflächen, werden im Parietallappen verarbeitet. Dort sitzt auch das räumliche Denken.

Temporallappen

Dein Gehör wird vom Temporallappen gesteuert. Außerdem befinden sich hier zwei besonders bemerkenswerte Abschnitte:

- ✓ Hippocampus: Das mittel- und langfristige Abspeichern von Informationen und Erlebnissen geschieht im Hippocampus.

- ✓ Amygdala: Die Amygdala wird auch Mandelkern genannt und ist am Ende des Hippocampus zu finden. Sie kümmert sich um die emotionale Bewertung von aufgenommenen Informationen und ist somit ebenfalls an der Entscheidung darüber beteiligt, wie diese im Gedächtnis abgespeichert werden.

Occipitallappen

Dein Sehvermögen verdankst du dem Occipitallappen. Ohne diesen Teil des Großhirns wärst du - trotz völlig intakter Augen - nicht in der Lage dazu, deine Umgebung optisch zu erfassen.

Das Zwischenhirn - Diencephalon

Ist die Rede vom Zwischenhirn, liegt der Fokus meist auf diesen beiden Bereichen:

- ✓ Thalamus: Alle sensorischen Signale laufen über den Thalamus. Sie werden vom peripheren Nervensystem dort eingeschleust und dann an das Großhirn weitergeleitet.

- ✓ Hypothalamus: Der Hypothalamus ist sowohl an physischen als auch an psychischen Prozessen beteiligt und verbindet das Nervensystem - gemeinsam mit der Hypophyse - mit dem Hormonsystem.

Daneben setzt sich das Zwischenhirn aus Subthalamus und Epithalamus zusammen.

Der Hirnstamm - Mesencephalon, Cerebellum und Myelencephalon

Der dritte große Bereich des Gehirns ist der Hirnstamm, der aus Mittelhirn, Kleinhirn und Nachhirn besteht. Über das Nachhirn ist das Gehirn mit dem Rückenmark verbunden. Die Steuerung von Reflexen, die automatisch ablaufen, geschieht im Hirnstamm. Beispiele für solche reflexartigen Vorgänge sind das reizinitiierte Schlucken, die Atmung, die Körpertemperaturregulation und der Herzschlag.

Du siehst: Das Gehirn übernimmt eine Vielzahl wichtiger Aufgaben und bildet die Basis, auf der der menschliche Organismus überhaupt leben und funktionieren kann.

Neuronen, Synapsen und die Kommunikation im Gehirn

Die Kommunikation im Gehirn geschieht über elektrische Impulse. Diese werden von Neuronen erzeugt, gelangen an die Synapsen und werden von dort aus über Neurotransmitter, also über chemische Botenstoffe, an andere Neuronen weitergeleitet. Vereinfacht kannst du dir diesen Vorgang wie einen Sprint vorstellen. Der Schiedsrichter *(Neuron 1/aussendendes Neuron)* gibt das Startsignal *(den elektrischen Impuls)* ab. Sobald das Signal vom Läufer *(der Synapse)* gehört wird, aktiviert dieser seine Muskelkraft *(die Neurotransmitter)* und läuft zum Ziel *(Neuron 2/empfangendes Neuron)*. Das Prinzip ist immer dasselbe: elektrischer Impuls des aussendenden Neurons - Synapse - Neurotransmitter - empfangendes Neuron. In der Realität bezieht sich dieser Prozess allerdings nicht auf zwei kommunizierende Neuronen, sondern auf ganze Neuronengruppen, und findet weitaus schneller statt, als selbst Usain Bolt jemals laufen könnte. Synapsen verbinden übrigens nicht nur Neuronen mit Neuronen, sondern auch mit andersartigen Zellen, zum Beispiel mit Muskelzellen und Sinneszellen. Wenn nun ein Reiz auf eine Sinneszelle trifft, wird er von der Synapse an die Neuronen weitergegeben und kann so im Gehirn verarbeitet werden.

Was passiert, wenn wir lernen?

Du kannst Informationen auf verschiedenen Wegen aufnehmen. Beteiligt ist aber immer mindestens ein Sinneskanal. Um zu lernen, muss eine Information also durch das Sehen, das Hören, das Riechen, das Schmecken oder das Tasten aufgenommen werden. Der jeweilige Reiz aktiviert die Synapse und findet so seinen Weg über die Neuronen dorthin, wo er im Gehirn verarbeitet werden kann. Je öfter sich derselbe Reiz wiederholt, desto stärker prägen sich die entsprechenden Synapsen aus und mit desto mehr "Schlagkraft" gelangt das Signal ins Gehirn. Das erklärt auch, warum das Gehirn im Laufe des Lebens an Gewicht zunehmen kann, obwohl die Anzahl an Neuronen gleich bleibt. Durch neue Informationen werden neue Verknüpfungen im neuronalen Netz gebildet. Verknüpfungen, die nicht mehr genutzt werden, lösen sich mit der Zeit auf, während häufig angesprochene Synapsen, wie bereits beschrieben, dicker und stärker werden. Das hat zur Folge, dass sie größere Mengen an Neurotransmittern senden können, wodurch das Signal letztendlich schneller und deutlicher bei den empfangenden Neuronen ankommt. Diese Tatsache ist der Grund dafür, dass das Gehirn häufig mit einem Muskel verglichen wird. Faktisch ist diese Aussage natürlich falsch. Doch genau wie ein Muskel, verliert auch eine Synapse an Stärke, wenn sie nicht trainiert wird, und wird im Umkehrschluss stärker, wenn man sie trainiert. Diese Anpassungsfähigkeit des Gehirns erlaubt es uns, uns stetig auf neue Situationen und Gegebenheiten einstellen zu können, sodass wir mit den unterschiedlichsten Szenarien zurechtkommen. Das Schaffen neuer und das Stärken bestehender Verknüpfungen funktioniert ein Leben lang. Das Sprichwort "Was Hänschen nicht lernt, lernt Hans nimmermehr" solltest du also keinesfalls ernst nehmen. Fakt ist, dass ein Erwachsener mit einem gesunden Gehirn jederzeit dazulernen und sein Wissen verfestigen kann.

Kurzzeit- vs. Langzeitgedächtnis

Unter dem Gedächtnis verstehen wir die Fähigkeit des Gehirns, Informationen abzuspeichern und wieder abzurufen. Dabei gibt es keinen zentralen Gedächtnisspeicher im Gehirn. Vielmehr findet das Abspeichern und Abrufen in vielen Hirnarealen gleichzeitig statt. Wenn du zum Beispiel an ein Auto denkst, erinnert sich ein Teil deines Gehirns daran, wie ein Auto aussieht, ein anderer weiß, wie du es fahren kannst, ein dritter, wie es sich anhört, und ein vierter, wie du dich gefühlt hast, als du zum ersten Mal mit einem Auto gefahren bist. All diese Informationen befinden sich an unterschiedlichen Stellen, vereinen sich aber zu deiner Vorstellung von einem Auto. Da du in deinem Leben vermutlich ziemlich häufig mit Autos zu tun hast, sind die Synapsen, die damit zusammenhängen, unglaublich stark. Deshalb musst du nicht täglich neu lernen, was ein Auto ist, wie es funktioniert und welche Geräusche es macht. All das befindet sich in deinem Langzeitgedächtnis. Bis dorthin ist es aber ein weiter Weg, der über mehrere Stationen führt:

Das sensorische Gedächtnis

Das sensorische Gedächtnis speichert Signale lediglich so lange, wie die Sinneszellen brauchen, um sie über die Synapsen an die Neuronen weiterzugeben. Binnen dem Bruchteil einer Sekunde ist dieser Prozess abgeschlossen und das sensorische Gedächtnis wird „gelöscht" bzw. zurückgesetzt.

Das Kurzzeitgedächtnis

Werden die Informationen als wichtig genug eingestuft, gelangen sie ins Kurzzeitgedächtnis. Hier erfolgt die Speicherung einige Sekunden bis hin zu wenigen Minuten lang.

Das Langzeitgedächtnis

Durch enorme Wichtigkeit oder stetige Wiederholung verdienen sich Informationen den Aufenthalt im Langzeitgedächtnis. Was dort abgespeichert ist, wird nicht so schnell wieder vergessen. Je nach Wichtigkeit und Wiederholung, bleiben die Informationen für Stunden, Tage oder sogar dauerhaft erhalten und stehen somit ständig zum Abruf bereit.

Sicher weißt du aus eigener Erfahrung, dass manche Dinge leichter einen Weg ins Langzeitgedächtnis finden, als andere. So erinnerst du dich bestimmt noch lebhaft an deinen ersten Kuss, während sich der Name einer beliebigen Hauptstadt, den du in der Schule gelernt hast, längst verflüchtigt hat - das, obwohl du deinen ersten Kuss nur einmal erlebt und seither höchstens von Zeit zu Zeit in deiner Erinnerung wiederholt hast. Der Grund dafür ist deine Amygdala. Wie du weißt, ist sie für die emotionale Bewertung von Informationen zuständig und arbeitet mit dem Hippocampus zusammen, der maßgeblich am Abspeichern von Informationen beteiligt ist. Je mehr Emotionen einer Information von der Amygdala zugeordnet werden, desto tiefer wird die Information abgespeichert. Emotionale Erlebnisse lassen sich also deutlich leichter ins Langzeitgedächtnis manövrieren, als harte Fakten. Man unterscheidet hier zwischen dem **episodischen** und dem **semantischen** Gedächtnis. Dein erster Kuss wäre dem episodischen Gedächtnis, das sich stark auf das eigene Leben bezieht, zuzuordnen, während eine Hauptstadt im semantischen Gedächtnis landet. Darüber hinaus kennen wir das **prozedurale** Gedächtnis. Diese unverzichtbare Form des Gedächtnisses erinnert sich ganz unbewusst und bezieht sich auf Bewegungsabläufe. Wenn du gehst, musst du dich nicht ständig bewusst daran erinnern, wie du einen Fuß vor den anderen setzen kannst und welche Muskeln du hierfür ansteuern musst. Diese grundlegenden Informationen, die du tagtäglich wiederholst, sind im prozeduralen Gedächtnis verankert und werden von dort aus so verwaltet, dass sie dein Bewusstsein nicht mehr erreichen.

Lernfähigkeit erhöhen - unterstütze dein Gehirn beim Lernen

Im Laufe dieses Buches wirst du jede Menge konkrete Tipps zum optimalen Lernen erhalten. Diese können aber nur gut fruchten, wenn einige Grundvoraussetzungen gegeben sind, die sich sehr direkt auf dein Gehirn beziehen. Schließlich kann effektives Lernen nur dann stattfinden, wenn sich das Gehirn in einem fitten Zustand befindet.

Ernährung

Zum einen ist da die Ernährung. Das Gehirn braucht Nährstoffe, um leistungsfähig zu bleiben. Eine mangelnde Nahrungszufuhr kann sich somit direkt auf die Hirnleistung auswirken - denn dein Gehirn hat großen Hunger. Zwischen 17 % und 25 % der Kalorien, die du täglich zu dir nimmst, werden vom Gehirn beansprucht. In diesem Zusammenhang hat sich der Begriff "Brainfood" etabliert: Essen, das das Gehirn unterstützt. Hier einige Tipps für dein Gehirn.

✓ Kohlenhydrate für die *Energie*

Kohlenhydrate liefern dem Körper schnell und unkompliziert Energie. Wenn dein Gehirn also Höchstleistungen erbringen soll, musst du ihm diese Art der Energie zur Verfügung stellen. Ganz nebenbei begünstigt der Konsum von Kohlenhydraten, zum Beispiel aus Kartoffeln oder Vollkornprodukten, die Serotoninausschüttung im Körper, wodurch sich deine Laune verbessert und Stress vorgebeugt wird.

✓ Gesättigte Fettsäuren für das *Gedächtnis*

Allgemeinhin gelten gesättigte Fettsäuren als ungesund. In Eiern sorgt die Kombination mit Cholin aber dafür, dass sich Erinnerungsvermögen und Gedächtnis verbessern.

✓ Eisen für die *Sauerstoffversorgung*

Damit das Gehirn "rundläuft", benötigt es ausreichend Sauerstoff. Eisen ist dafür bekannt, die Sauerstoffversorgung im gesamten Körper zu fördern, weshalb eisenhaltige Lebensmittel, wie Spinat und Brokkoli, sehr zu empfehlen sind.

✓ Omega-3 für die *Konzentration*

Zu guter Letzt darf auch Omega-3 nicht unterschätzt werden. Viele Fischsorten sowie Nüsse sind reich an der gesunden Fettsäure und liefern nicht nur nachhaltig wertvolle Energie, sondern sollen auch der Konzentration auf die Sprünge helfen.

Flüssigkeitshaushalt

Dein Gehirn besteht zu 75 % aus Flüssigkeit. Im Falle eines Flüssigkeitsmangels verkleinern sich die Dendriten (Neuronenfortsätze), wodurch sich die Aufnahme von Informationen schwieriger gestaltet. Deshalb solltest du deinen Körper gerade an Tagen, an denen dein Gehirn stark beansprucht wird, unbedingt mit ausreichend Flüssigkeit - am besten in Form von Wasser, Fruchtsaftschorlen und Tee - versorgen.

Schlaf

Ein gut ausgeruhtes Gehirn arbeitet besser. Außerdem werden Informationen nach derzeitigem Forschungsstand vor allem im Schlaf verfestigt, weshalb dein Lernerfolg auch von deinem Schlafverhalten abhängt. Optimalerweise schläfst du nächtlich zwischen sieben und neun Stunden und hältst einen einigermaßen regelmäßigen Schlafrhythmus ein.

Frische Luft

Je weniger Sauerstoff die Luft, die du atmest, enthält, desto weniger hat dein Gehirn davon. Wissenschaftlich ist schon lange belegt, dass stickige Luft, wie sie häufig in Klassenzimmern und Büros zu finden ist, die Hirnaktivität negativ beeinträchtigt. Daher solltest du wann immer möglich ein Fenster öffnen und zwischendurch ruhig auch einmal eine Runde um den Block drehen.

Bewegung

Womit wir direkt beim letzten Aspekt wären: der Bewegung. Wer sein Gehirn langfristig fit halten möchte, muss seinen Körper bewegen. Denn die körperliche Betätigung stimuliert die Bildung und das Wachstum von Neuronen.

Das Wichtigste in Kürze

✓ Das menschliche Gehirn setzt sich aus dem Großhirn, dem Zwischenhirn und dem Hirnstamm zusammen. Ohne dieses wichtige Organ wäre der Körper keinesfalls lebensfähig.

✓ Die Kommunikation im Gehirn basiert auf elektrischen Impulsen. Diese werden von einem Neuron ausgesendet, über die Synapse mithilfe von Neurotransmittern transportiert und schließlich von einem anderen Neuron empfangen.

✓ Je häufiger dieselben Informationen in Form von elektrischen Impulsen durchs Gehirn jagen, desto stärker prägen sich die dabei beanspruchten Synapsen aus. Und je dicker eine Synapse wird, desto mehr Neurotransmitter stehen für den Transport zur Verfügung und desto deutlicher und schneller kommt die Information beim jeweils empfangenden Neuron an.

✓ Synapsen, die über eine lange Zeit hinweg nicht genutzt werden, lösen sich langsam auf. Das ist es, was passiert, wenn etwas vergessen wird.

✓ Das Gedächtnis ist kein Ort im Gehirn, sondern setzt sich aus dem Zusammenspiel verschiedener Hirnareale zusammen. Unterschieden werden grundlegend das sensorische Gedächtnis, das Kurzzeit- und das Langzeitgedächtnis, die sich jeweils danach unterscheiden, wie tief eine Information abgespeichert wird und wie lange sie daraufhin abgerufen werden kann.

✓ Die Leistungsfähigkeit des Gehirns wird unter anderem von der Ernährung, dem Schlaf, der Bewegung und dem Flüssigkeitshaushalt beeinflusst.

Kapitel 2: Das Lernen - Eine Grundlage des menschlichen Lebens

 Die meisten Menschen - und vielleicht auch du - denken bei dem Wort "Lernen" sofort an die Schule, die Aus- oder die Fortbildung. Wir haben eine recht genaue Vorstellung davon, was Lernen ist, und schon viel in unserem Leben gelernt. Dennoch beginnt dieses Kapitel mit einer Definition des Begriffs, um mögliche Missverständnisse aufzuklären. Anschließend befassen wir uns unter anderem mit dem effizienten Lernen und mit Fehlern, die beim Lernen besonders häufig gemacht werden.

Was bedeutet Lernen überhaupt?

Lernen umfasst sowohl das Aneignen von konkretem Wissen, als auch das Antrainieren von Fähigkeiten. Oftmals ist beides miteinander verknüpft. Möchtest du beispielsweise das Klavierspielen lernen, musst du dir sowohl Grundwissen zum Lesen von Noten aneignen, als auch die korrekten Bewegungen der Finger als Fähigkeit erwerben. Das Lernen ist eine absolut notwendige Grundlage für das Überleben des Menschen und dient der Erweiterung des Horizonts. In diesem Buch konzentrieren wir uns auf das Lernen im Sinne des Wissenserwerbs.

Lernen im Laufe des Lebens - lernen Kinder schneller als Erwachsene?

Es gibt keine Lebensphase, in der du nichts lernst. In den ersten drei Monaten deines Lebens hast du zum Beispiel gelernt, die Stimme deiner Mutter zu erkennen und dein kleines Köpfchen munter zu drehen. Im Baby- und Kleinkindalter verläuft das Lernen scheinbar extrem schnell. Das liegt zum einen daran, dass in dieser Zeit äußerst viel gelernt werden muss, zum anderen aber auch daran, dass du damals keine anderen Aufgaben hattest, als dich zu entwickeln und zu lernen. Faktisch ist die Annahme, dass Kinder schneller lernen als Erwachsene, einfach nur falsch. Im Gegenteil: Die Verbindung zwischen den unterschiedlichen Bereichen im Gehirn ist bei einem dreijährigen Kind beispielsweise noch gar nicht voll ausgeprägt, was das Lernen negativ beeinflusst. Erwachsene lernen nicht zwangsläufig schlechter und auch nicht langsamer als Kinder, doch sie lernen anders. Und das hat bei vielen einen negativen Effekt auf die Lerngeschwindigkeit und den Lernfortschritt. Ein Kind geht ohne Erwartungen an eine Sache heran, probiert sich aus und lernt eher durch Erfahrung - quasi zufällig und nebenbei. Das Baby lernt nicht zu krabbeln, weil es das Krabbeln beherrschen will. Es krabbelt drauf los, um ein Spielzeug zu erreichen oder auf sich aufmerksam zu machen. Der Erwachsene weiß hingegen ganz genau, welches Wissen oder welche Fähigkeit er sich aneignen will und hat vermutlich auch schon einen Zeitplan im Kopf. Und während das Kind, wenn es bei seinen ersten Schritten auf dem Hinterteil landet, höchstens vor Schreck weint, ärgert sich der Erwachsene maßlos über sich selbst, wenn etwas nicht klappt, zweifelt an seinem Können und demotiviert sich damit automatisch.

Kinder lernen mehr oder weniger ziellos und spielerisch, Erwachsene gehen mit dem klaren Ziel etwas zu können, an die Sache heran. Sie würden das Lernen in der Regel gerne überspringen und direkt zu dem Punkt übergehen, an dem sie die Fähigkeit bereits besitzen oder das Wissen in ihrem Langzeitgedächtnis verankert ist. Und das bringt uns zum letzten Unterschied zwischen dem Lernen von Kindern und Erwachsenen: Kinder lernen, zum Beispiel beim Erlangen der Mobilität oder im Rahmen ihrer ersten Hobbys, weil sie es möchten, Erwachsene viel zu oft, weil sie es müssen oder denken, es zu müssen. Natürlich macht es einen Unterschied, ob ich freudig und ohne Angst vor Fehlern an eine neue Herausforderung herangehe, oder ob mir diese (scheinbar) aufgezwungen wird. Die gute Nachricht ist also: Auch als erwachsene Person kannst du lernen und zwar nicht unbedingt langsamer als ein Kind. Die schlechte lautet: Du stehst dir dabei oft selbst im Weg.

5 Faktoren: Was zeichnet effizientes Lernen aus?

Effizient zu lernen bedeutet nichts anderes, als sich möglichst viel Wissen in möglichst kurzer Zeit anzueignen. Verschiedene Faktoren beeinflussen dabei die Effizienz des Lernprozesses:

1. Die Einstellung

Aus deiner Erfahrung in der Schule oder im Studium weißt du mit Sicherheit noch, wie es ist, sich Stoff "einprügeln" zu müssen, der einen eigentlich absolut nicht interessiert und von dem man sich sicher ist, dass man keinen Nutzen für sein Leben daraus ziehen kann. Du hast dich gefragt, warum zum Teufel du wissen musst, wie man Funktionen ableitet oder wie die Osmose funktioniert. Die Frage hast du dir wahrscheinlich zurecht gestellt, sofern du heute nicht Biologe oder Mathematiker bist. Das Hinterfragen an sich ist also nicht falsch, sondern eigentlich sogar recht clever. Leider führt es aber dazu, dass du langsamer und somit ineffizienter lernst. Für effizientes Lernen solltest du also versuchen, weniger zu hinterfragen, warum du etwas bestimmtes lernen sollst und dich dafür mehr auf den Lernprozess selbst konzentrieren. Das ist natürlich leichter gesagt als getan. Tipps zur richtigen Einstellung findest du in Kapitel 3.

2. Die Umgebung

In einem angenehm beheizten, ruhigen Raum mit einer bequemen Sitzgelegenheit lernt es sich leichter und schneller, als in einer überfüllten U-Bahn oder in einem Klassenzimmer, in dem ständig getuschelt wird. Die optimale Lernumgebung ist sowohl ruhig als auch ordentlich und erlaubt es dir, dich dort wohl zu fühlen. Sämtliche Ablenkungen - zum Beispiel das potenzielle Klingeln des Smartphones oder der Fernseher, der stumm im Hintergrund läuft - sollten soweit wie möglich abgestellt werden.

3. Der Zeitrahmen

Lernen braucht Zeit - das ist nun einmal so. Und ja, es gibt Menschen, die unter Zeitdruck scheinbar besser lernen. Das liegt aber keineswegs daran, dass der Stress zur Lernfähigkeit beiträgt. Vielmehr ist es so, dass man unter Druck gezwungen ist, sich zu konzentrieren, weniger anfällig für Ablenkungen ist und endlich aufhört, das Pauken vor sich herzuschieben. Wirklich effizientes und vor allem nachhaltiges Lernen findet aber nicht unter Stress statt. Du solltest dir also einen Zeitrahmen stecken, der es dir erlaubt, dich wirklich mit dem Stoff auseinanderzusetzen und ihn dir in Ruhe verständlich zu machen.

4. Die Zielsetzung

Sich Ziele zu setzen kann überaus motivierend sein und die Effizienz des Lernprozesses steigern. Schließlich lässt sich am Erreichen der Ziele - und eventuell der Zwischenziele - der Fortschritt messen, was dazu beiträgt, die Motivation aufrecht zu erhalten. Wichtig ist dabei aber unter anderem, dass die gesetzten Ziele auch realistisch und erreichbar sind. Ansonsten schlägt der Effekt schnell ins Gegenteil um und Frust wird zum hemmenden Begleiter. Hier empfiehlt es sich nach der SMART Methode zu arbeiten. SMART steht für **S**pezifisch, **M**essbar, **A**mbitioniert, **R**ealistisch und **T**erminiert. Immer wenn du ein Ziel formulierst, stellst du dir also folgende Fragen:

▸ Ist es **spezifisch**, also so konkret wie möglich, formuliert?

▸ Ist das Erreichen des Ziels **messbar**? Lässt sich zuverlässig feststellen, dass das Ziel erreicht ist und lassen sich vielleicht sogar Fortschritte messen?

▸ Ist das Ziel **ambitioniert**? Motiviert es dich und ist es so groß, dass du es auf jeden Fall erreichen willst, aber gleichzeitig nicht zu groß, sodass du es nicht erreichen kannst?

- Ist es auch **realistisch**, das Ziel zu erreichen? In einer Woche für's Abi lernen oder in einem Monat die Bachelor Arbeit schreiben - das ist eher nicht machbar.

- Bis wann möchtest du das Ziel erreichen? Im Sinne von SMART sollte nämlich jedes Ziel **terminiert** sein.

Zur Veranschaulichung gehen wir ein typisches Beispiel durch. Dein Ziel ist es, hundert Vokabeln zu lernen. SMART gehst du nun so vor:

✓ Spezifisch?

"Vokabeln lernen" wäre eine sehr unspezifische Formulierung. Besser ist: "Hundert Vokabeln von Seite 165 bis 167 aus Buch [X] lernen."

✓ Messbar?

Dein Lernerfolg lässt sich recht einfach messen, indem du dich abfragen lässt oder dich - zum Beispiel mit Karteikarten - selbst abfragst.

✓ Ambitioniert?

Ist es auch ambitioniert, 100 Vokabeln zu lernen? Das Ziel muss groß genug sein, sodass du dir denkst „ja das will ich und kann ich", gleichzeitig darf es nicht zu groß sein, sonst wirst du demotiviert. 10 Vokabeln lernen sollte eine Leichtigkeit sein, 1000 sind dagegen höchstwahrscheinlich viel zu viel.

✓ Realistisch?

Ist es überhaupt machbar, 100 Vokabeln zu lernen? Selbst wenn das Ziel ambitioniert ist, muss es nicht automatisch auch realistisch sein. Es wäre himmlisch, wenn du in einer Woche 1000 Vokabeln lernen könntest und es könnte dich auch motivieren, aber realistisch gesehen wird dein Kopf nach 100 (oder einigen mehr) Vokabeln bereits rauchen.

✓ Terminiert?

Wenn der Test in drei Tagen stattfände, blieben dir zwei volle Tage zum Lernen. Du würdest deine Zielformulierung also um die Deadline ergänzen: "Hundert Vokabeln von Seite 165 bis 167 aus Buch [X] bis zum [Datum] gelernt."

Ein SMARTes Ziel, das alle Punkte erfüllt, könnte so aussehen: **„Ich habe am 23.04.2020 erfolgreich 100 Vokabeln von den Seiten 165 bis 167 gelernt."**

Wenn du die SMART Methode einige Male angewandt hast, geht sie dir ziemlich schnell in Fleisch und Blut über, sodass du dich beim Formulieren von Zielen irgendwann ganz automatisch an ihr orientierst.

5. Die Lernweise

Zu guter Letzt kommt es selbstverständlich auch auf die Art und Weise an, auf die gelernt wird. Diese sollte unter anderem an deinen Lerntypen (siehe Kapitel 4) angepasst sein. In Kapitel 5 erfährst du alles über die bekanntesten und erfolgversprechendsten Lerntechniken und du wirst diese Schritt für Schritt selber anwenden.

Ablauf des Lernprozesses

Grundsätzlich läuft der Lernprozess fast immer gleich ab. Dabei lässt er sich in sieben relevante Phasen unterteilen, denen wir uns nun im Einzelnen widmen.

Phase 1: Überblick verschaffen

Zunächst verschaffst du dir einen Überblick. Du schaust dir an, welche Themen gelernt werden müssen, und schätzt deren Umfang ein. Du bekommst einen ersten Eindruck vom Lernstoff und verstehst, worum es im Groben geht.

Phase 2: *Verbindungen knüpfen*

In der zweiten Phase stellst du Verbindungen her. Zu welchen Themen besitzt du bereits relevante Informationen? Was hast du schon einmal gehört und was sagt dir hingegen so gar nichts? Wie stehst du zu dem Lernstoff und was denkst du, wird es dir nützen, ihn dir anzueignen?

Phase 3: *Stoff be- und aufarbeiten*

Dann beginnt das eigentliche Lernen. Du liest, bearbeitest Aufgaben, siehst dir Beispiele an und verfrachtest die Inhalte nach und nach in dein Gehirn. Außerdem hinterfragst du die Informationen, analysierst die vorliegenden Fakten und schaffst dir ein großes, flickenteppichartiges Bild, das den Stoff aus deiner Sicht widerspiegelt.

Phase 4: *Schwerpunkte setzen*

Dann entscheidest du, welche der Inhalte besonders wichtig und welche eher zu vernachlässigen sind. So setzt du Schwerpunkte und legst fest, worauf du dich vermehrt konzentrieren willst.

Phase 5: *Wiederholen und vertiefen*

Die wohl wichtigste Phase ist die der Wiederholung. Indem du Inhalte wiederholst, machst du deinem Gehirn klar, dass sie wichtig sind und unbedingt gut abgespeichert werden müssen. Wann immer du eine Information wirklich tief abspeichern möchtest, musst du sie mindestens zehn Mal wiederholen und diese zehn Wiederholungen in regelmäßigen Zeitabständen ihrerseits wiederholen. Kurzum: Man kann eigentlich kaum zu viel wiederholen.

Phase 6: *Wachstum genießen*

Nun bist du in der Phase angelangt, in der dir auffällt, wie viel du gelernt hast. Phase sechs ist sehr befriedigend und zeigt dir, dass dein Lernaufwand nicht umsonst war. Dir fällt es nun zunehmend leichter, das Gelernte abzurufen und anzuwenden.

Phase 7: *Wissen transferieren*

Sobald du den Lernstoff absolut zuverlässig abrufen kannst, bist du in Phase sieben angelangt. Du bist jetzt in der Lage dazu, dein Wissen zu transferieren. Du kannst es auf andere Sachverhalte beziehen, neue Ideen entwickeln und es mit bereits bestehenden Konzepten in Verbindung bringen.

Häufige Fehler beim Lernen

Fehler zu machen ist alles andere als schlimm. Schließlich ist Lernen letztendlich ein Prozess, der gar nicht ohne Fehler auskommt. Nicht umsonst sagt eine bekannte Redensart, dass man aus Fehlern am besten lernt. Ob das nun tatsächlich stimmt, sei einmal dahingestellt. Tatsache ist aber, dass dich auch deine Fehler beim Lernen voranbringen. Das gilt zumindest für die Fehler, die sich direkt auf das Wissen, das du dir aneignen möchtest, beziehen. Anders sieht es mit vermeidbaren Fehlern aus, die im Zusammenhang mit der Lernweise stehen. Damit du diese nicht (länger) selbst machen musst, sehen wir uns die gängigsten Lernfehler an dieser Stelle im Detail an.

Fehler #1: Lernen unter Zeitdruck und Stress

Wie bereits im letzten Absatz angesprochen, ist es keine Seltenheit, dass man das Lernen so lange auf Morgen verschiebt, bis plötzlich nur noch wenige Stunden übrig bleiben. Dann bricht Panik aus und es wird wie wild drauflos gelernt. Im Notfall kann das einigermaßen gut funktionieren, auf Dauer ist es aber keine Lösung. Du lernst einfach effektiver, wenn du nicht immens unter Stress stehst. Tu dir also selbst einen Gefallen und versuche, vom hektischen Last-Minute-Lerner zum entspannten Lerner zu werden. Du wirst schnell feststellen, dass das Lernen auf diese Weise eine ganz andere Qualität annimmt.

Fehler #2: Keine Rücksicht auf den Biorhythmus

Jeder Mensch besitzt eine eigene innere Uhr, den sogenannten Biorhythmus. Deine körperliche und geistige Leistungsfähigkeit steigt und sinkt im Rahmen dieses Rhythmus über den Tag verteilt mehrfach. Wenn du nun entgegen dieses Rhythmus, der täglich in etwa gleich bleibt, lernst, fällt dir das Lernen logischerweise unnötig schwer. Daher ist es sinnvoll, dich aufmerksam selbst zu beobachten, um herauszufinden, wann sich deine Leistungsfähigkeit täglich auf Hochs und in Tiefs befindet.

Fehler #3: Kein Lernplan

Lernen wird quasi automatisch einfacher und angenehmer, wenn ein realistisch umsetzbarer, strukturierter Plan existiert. Einfach drauflos lernen mag zwar auch funktionieren, ist aber deutlich weniger effizient. Du solltest dir also die Zeit nehmen, einen Lernplan aufzustellen.

Dieser sollte die einzelnen Lernabschnitte beinhalten und grobe zeitliche Deadlines festhalten. So kannst du dich im Lernprozess daran entlang hangeln und weißt immer, was als nächstes zu tun ist. Außerdem kannst du bereits Gelerntes abhaken, was dir einen ordentlichen Motivationsschub schenkt. Eine ausführliche Erklärung dazu, wie man einen Lernplan erstellt, inklusive Vorlage, findest du in Kapitel 3.

Fehler #4: Keine Pausen

Rechtzeitig mit dem Lernen zu beginnen und sich einen Lernplan zu machen hat den Vorteil, dass man auf diese Weise regelmäßig Pausen einlegen kann. Und das wirkt sich wiederum positiv auf die Lerneffizienz aus. Denn das menschliche Gehirn kann seine Leistungsfähigkeit nur für sechs bis maximal acht Stunden pro Tag voll ausschöpfen und ermüdet schneller, je länger es am Stück stark beansprucht wird. Es zahlt sich also aus, zwischendurch mehrere Pausen einzuplanen und diese auch einzuhalten. Du willst wissen, wie viele Pausen angemessen sind und wie lang die perfekte Pause ist? Das verrät dir Kapitel 3.

Fehler #5: Selbstzweifel

Vor allem wenn etwas gelernt werden soll, von dem man ausgeht, dass es einem schwer fallen wird oder dass man nicht gerade Talente auf dem entsprechenden Gebiet mitbringt, sind Selbstzweifel oft ein Hemmschuh. Wer sich von vornherein sagt, dass das Lernen mühsam sein wird und man eigentlich gar nicht schlau, begabt oder talentiert genug ist, demotiviert sich extrem und erschafft im schlimmsten Fall eine selbsterfüllende Prophezeiung. Denn wenn wenig Motivation auf viele Selbstzweifel trifft, kann effizientes Lernen kaum stattfinden.

Fehler #6: Lernen "wie alle anderen"

Lernen ist ein sehr individueller Prozess. Was beim einen wunderbar funktioniert, muss dem anderen demnach nicht genauso viel Erfolg bringen. Daher nützt es dir nichts, dich an "Musterschülern" zu orientieren und deren Lernweisen nachzuahmen. Stattdessen solltest du verschiedenes ausprobieren und deine eigene Veranlagung berücksichtigen, um Lerntechniken zu finden, mit denen du persönlich optimal lernen kannst.

Vorteile des richtigen Lernens - warum du Lernen lernen solltest

Falls du dich zu diesem Zeitpunkt noch immer fragst, warum genau du dich mit dem richtigen Lernen auseinandersetzen und das "Lernen lernen" solltest, können dich diese guten Gründe hoffentlich überzeugen:

Das Lernen endet nicht

In deinem Leben wirst du immer wieder dazulernen müssen. Das Lernen endet weder nach der Schule, noch nach der Ausbildung oder dem Studium und selbst im Rentenalter muss man sich immer wieder Neues aneignen. Schließlich dreht sich die Welt weiter. Wenn du also jetzt damit beginnst, dein Lernen zu optimieren, ist das eine Sache, die du tatsächlich fürs ganze Leben lernst und von der du immer wieder profitierst.

Du lernst schneller und nachhaltiger

Wenn du erst einmal Lerntechniken gefunden hast, mit denen du gut zurechtkommst, lernst du langfristig schneller und auch nachhaltiger. Sprich: Neue Inhalte eignest du dir nicht nur schneller an, sondern verfrachtest sie auch zuverlässiger ins Langzeitgedächtnis.

Das Lernen ist angenehmer

Dinge, die wir beherrschen, sind in der Regel Dinge, die wir gern tun. Weißt du, wie du am besten lernen kannst, wirst du also automatisch auch lieber lernen. Das bedeutet nicht, dass dich jeder Lernstoff in helle Begeisterung versetzen wird. Aber im direkten Vergleich wirst du positiver an die Sache herangehen.

Prokrastination gehört der Vergangenheit an

Das ewige Aufschieben hat endlich ein Ende. Durch dein Know-How in puncto Lernen wird es dir leichter fallen, mit dem Lernen zu beginnen. Du wirst das Handwerkszeug haben, um das Lernen nicht mehr nur als notwendiges Übel, sondern auch als Chance zu begreifen. Jede Lerneinheit eröffnet schließlich eine Möglichkeit, an deinen Techniken zu feilen.

Du wirst zu deiner eigenen Motivation

Du kannst deine ganz persönliche Erfolgsstory schreiben. Mit jeder erfolgreichen Lerneinheit werden dein Glaube an dich selbst und deine Motivation gleichermaßen wachsen. Du wirst wissen, dass dir, was effektives Lernen angeht, keiner so schnell etwas vormacht. Und Stoff, der dir vorher wie ein riesiger, schier unbezwingbarer Berg erschien, wird zum Hügel, auf den du munter hinaufklettern kannst.

Die Lernkurve - je steiler, desto besser?

Hast du schon einmal von der sogenannten Lernkurve gehört? Sie beschreibt den Verlauf deines Lernens in Bezug auf die Zeit und die Stoffmenge. Bewältigst du viel Stoff in kurzer Zeit, steigt sie steil an. Im Umkehrschluss fällt sie wieder ab, beziehungsweise verläuft flach, wenn du dir für wenig Lernstoff viel Zeit nimmst. Anhand der Fakten würdest du der Aussage "je steiler, desto besser" wahrscheinlich zustimmen. In der Realität kann eine Lernkurve, dem Mythos vom unendlichen Wirtschaftswachstum ganz ähnlich, aber niemals immer steil aufsteigen. Das würde bedeuten, dass du in immer kürzerer Zeit immer mehr Stoff verschlingst, was schlicht und einfach nicht möglich ist. Irgendwann ist eine Grenze erreicht, von der aus es nur noch abwärts gehen kann. Und das ist völlig in Ordnung. Unter Berücksichtigung deiner Tagesform und deines Biorhythmus ist die Lernkurve verständlicherweise eher ein Auf und Ab als eine stetig aufsteigende, gerade Linie. Wenn du keine Pausen machst und deine komplette Hirnleistung durchweg ausschöpfst, steigt deine Lernkurve zunächst stark, wird aber dann extrem abfallen. Die vernünftigere und auf lange Sicht effektivere Alternative ist der Versuch, die Lernkurve auf einem relativ stabilen mittleren bis hohen Niveau zu halten. Es ist sinnvoller, in vielen kleinen Portionen mittelmäßig viel zu lernen, als für kurze Zeit Vollgas zu geben und dann völlig erledigt gar nichts mehr leisten zu können. Da du in der Praxis vermutlich keine Lernkurve verwendest, spielt sie eine eher untergeordnete Rolle. Sie zu verstehen, ist aber dennoch wichtig. Denn sie veranschaulicht unglaublich schön, welche Möglichkeiten sich dir bieten und wie du deine Zeit und deine Stoffmenge einteilen solltest.

Die Bedeutung der Konzentration

Sich zu konzentrieren bedeutet, seine Aufmerksamkeit bewusst auf eine Sache zu lenken und sie dort verweilen zu lassen. Für das effiziente Lernen ist die Konzentration unverzichtbar. Denn wer unkonzentriert lernt, lernt deutlich langsamer und weniger nachhaltig. Deshalb ist es so wichtig, dass du beim Lernen zu einer gewissen Konzentration findest. Dabei können dir folgende Aspekte helfen:

✓ Sich konzentrieren wollen

Das A und O ist deine Bereitschaft, dich zu konzentrieren. Wenn du die Konzentration auf den Stoff, den du erlernen möchtest, scheust und dich eigentlich lieber mit tausend anderen Dingen beschäftigen würdest, fällt es natürlich schwer, Konzentration aufzubauen.

✓ Ablenkung minimieren

Und schon sind wir wieder beim Thema Ablenkung. Damit du dich ungestört konzentrieren kannst, solltest du Ablenkungen minimieren. Schalte dein Smartphone aus, schließe die Vorhänge, falls vor deinem Fenster zu viel los ist, und sorge dafür, dass deine Lernumgebung möglichst aufgeräumt ist und keine auffälligen Reize bietet, die deine Aufmerksamkeit auf sich ziehen könnten.

✓ Essen, schlafen, Pausen machen

In Kapitel 1 wurde erklärt, was du tun kannst, um dein Gehirn beim Lernen zu unterstützen. Diese Tipps fördern ebenfalls deine Konzentration. Nur wenn du dich ausgewogen ernährst und genügend Schlaf bekommst, kannst du dich gut konzentrieren. Zusätzlich muss an dieser Stelle wieder auf das Einhalten von Pausen verwiesen werden, das in Kapitel 3 genauer beleuchtet wird.

✓ Das Limit erkennen

Wie bereits geschildert, kann dein Gehirn nur für begrenzte Zeit voll leistungsfähig sein. Mit abnehmender Leistungsfähigkeit sinkt auch deine Konzentrationsfähigkeit. Du solltest daher lernen, dein persönliches Limit zu erkennen und die richtigen Konsequenzen daraus zu ziehen. In den aller meisten Fällen nützt es wenig, sich weiter anzutreiben, wenn das Limit überschritten ist. Stattdessen solltest du deine Grenzen akzeptieren, pausieren und die nächste Lerneinheit in alter Frische und mit voller Konzentration starten.

✓ Konzentrationsübungen machen

Es gibt simple Übungen, mit denen du deine Konzentration trainieren kannst. Dreien davon wenden wir uns an dieser Stelle in aller Kürze zu:

Der Schrittzähler

Diese einfache Übung kannst du durchführen, wann immer du zu Fuß unterwegs bist. Zähle ganz einfach deine Schritte. So übst du, dich auf eine Sache zu konzentrieren, die nicht unbedingt hochspannend ist. Wenn dir das zu einfach wird, kannst du versuchen, nur jeden zweiten, dritten oder vierten Schritt zu zählen.

Der Buchstabenzähler

Nimm dir einen Text vor und suche dir einen Buchstaben aus. Dann zählst du, wie oft der jeweilige Buchstabe in dem Text vorkommt. Du musst den Text dabei nicht lesen, sondern lediglich die Zeilen visuell abscannen. Genau wie bei der vorherigen Übung, lässt sich der Schwierigkeitsgrad steigern, indem du nur noch jeden zweiten oder dritten Buchstaben dieser Art zählst. Alternativ kannst du auch zwei oder drei verschiedene Buchstaben aufnehmen.

Der Schreiberling

Schreibe einen einfachen Satz mit fünf bis sieben Wörtern auf. Und dann schreibe ihn spiegelverkehrt. Du wirst schnell bemerken, dass dieser Vorgang deine Konzentration auf eine ordentliche Probe stellt.

Das Wichtigste in Kürze

✓ Kinder lernen nicht leichter und schneller als Erwachsene, sie lernen lediglich anders. Erwachsene können ein Leben lang dazulernen, stehen sich dabei aber oft selbst im Weg.

✓ Effizient zu lernen bedeutet, sich möglichst viel Wissen in möglichst kurzer Zeit anzueignen. Damit das klappen kann, müssen mehrere Faktoren, zum Beispiel die richtige innere Einstellung, eine geeignete Lernumgebung und eine klare Zielsetzung, gegeben sein.

✓ Viele Menschen lernen falsch, wobei einige vermeidbare Fehler besonders häufig zu beobachten sind. Dazu gehören das außer Acht lassen des Biorhythmus, der Verzicht auf einen Lernplan und das Vergessen von Pausen.

✓ Wer auf die richtige Art und Weise lernt und sich die Mühe macht, "das Lernen zu lernen", profitiert von zahlreichen

Vorteilen. Das Lernen fällt leichter, man lernt schneller und nachhaltiger und empfindet das Lernen selbst als weitaus angenehmere Tätigkeit.

✓ Der optimale Lernprozess beginnt bei Phase eins mit dem Verschaffen eines Überblicks und endet mit Phase sieben, in der das Wissen bereits transferiert werden kann.

✓ Die Lernkurve zeigt quasi auf, wie viel Stoff in welchem Zeitraum gelernt wird. Eine Lernkurve, die sich möglichst konstant auf einem mittleren bis hohen Niveau bewegt, ist anzustreben.

✓ Die Konzentration ist von essentieller Bedeutung für das erfolgreiche Lernen und kann mit einfachen Übungen geschult werden.

Kapitel 3: Optimal lernen - Die Basics

 Im dritten Kapitel wenden wir uns den grundlegenden Basics des erfolgreichen Lernens zu. Du erfährst, wie du deine innere Einstellung korrigieren kannst, welche Rolle das Zeitmanagement spielt und wie die Erstellung eines Lernplans funktioniert. Außerdem werden dir die wichtigsten Elemente der Organisation rund um die Lerneinheiten nähergebracht.

Deine innere Einstellung

Lernen muss nicht lästig sein! Es ist deine innere Einstellung die entscheidet, in welchem Licht du das Lernen siehst. Leider ist es gar nicht so einfach, sich eine positive Einstellung zu bewahren, wenn der innere Schweinehund mit aller Kraft dagegenhält. Und jeder hat einen solchen Übeltäter - ob es nun ein Chihuahua oder ein Rottweiler ist. Zum Glück gibt es einiges, was du tun kannst, um deine innere Einstellung zu korrigieren und den Schweinehund zum Schweigen zu bringen.

Gute Gründe für das Lernen

Indem du dir bewusst machst, warum es wichtig für dich ist, das Jeweilige zu lernen, schaffst du die Basis für eine positive innere Einstellung. Nimm Stift und Papier zur Hand und schreibe auf, warum die lernen solltest. Achte dabei auf positive Formulierungen. Schreibe also "Damit ich eine gute Note erziele", anstatt "Damit ich nicht schon wieder so versage wie beim letzten Mal."

Hemmende Glaubenssätze

Glaubenssätze sind Vorstellungen, die tief in uns verankert sind und sich maßgeblich auf unser Handeln auswirken. Hemmende Glaubenssätze, die dich zurückhalten, einschränken und davon abhalten dein volles Potenzial auszuschöpfen, sind köstlichstes Futter für deinen

Schweinehund. Ein Beispiel für einen solchen negativen Glaubenssatz wäre "Ich habe keinen Erfolg verdient." Oftmals ist uns gar nicht bewusst, welche negativen Glaubenssätze es sich in unserem Kopf bequem gemacht haben. Daher ist der erste Schritt in die richtige Richtung die Identifikation dieser Anschauungen. Nimm dir die Zeit, dich einmal ordentlich mit dir selbst auseinanderzusetzen, und stelle dir die folgenden Fragen:

▸ Was hält mich vom Lernen ab? / Was behindert mich beim Lernen?

▸ Warum hält es mich vom Lernen ab? / Warum behindert es mich beim Lernen?

▸ Welche Bedeutung hat es für mich? / Was sage ich mir selbst damit?

▸ Welche Auswirkungen hat es? / Welche Folgen zieht es nach sich?

Spätestens wenn du bei den Auswirkungen angekommen bist, wird dir klar, wie stark sich der jeweilige Glaubenssatz auf dich und dein Leben auswirkt und du wirst automatisch die Motivation entwickeln, dich davon zu befreien. Aber wie? Besonders erfolgversprechende Methoden hierfür sind im Bereich des NLP (Neuro-linguistisches Programmieren) zu finden. *Wenn du tiefer in das Thema NLP eintauchen willst und lernen möchtest, wie du dein Gehirn langfristig auf Erfolg programmierst, kannst du das Buch „ERFOLGREICH durch NLP" von Johannes Lichtenberg lesen (erschienen im KR Publishing Verlag und erhältlich bei Amazon, ISBN-10: 3948593019).*

Leider würde es den Rahmen dieses Buches sprengen, im Detail auf etablierte Techniken zum Verändern von Glaubenssätzen einzugehen. Im Prinzip führt der vergleichsweise einfachste Weg zum Erfolg aber immer über einen neuen Glaubenssatz, der den alten auf lange Sicht ersetzt. Ganz einfach deshalb, weil es leichter ist, einen Glaubenssatz auszutauschen, als ihn auszuradieren und nichts an seine Stelle zu setzen. Wenn dein alter Glaubenssatz also "Ich habe keinen Erfolg verdient" ist, könnte er durch "Ich verdiene Erfolg" ersetzt werden. Es geht nun darum, den alten Glaubenssatz aktiv zu widerlegen und den neuen zu etablieren. Das geht nicht von heute auf morgen, sondern ist zwangsläufig mit einem zeitintensiven Prozess verbunden. Wenn du die Sache ernsthaft in Angriff nehmen möchtest, solltest du dich intensiver mit NLP, und insbesondere dem bekannten Swish Pattern, auseinandersetzen.

Widerspruch für den Schweinehund

Du selbst kennst deinen inneren Schweinehund am besten. Trotzdem kann es hilfreich sein, ihn noch etwas besser kennenzulernen. Beobachte dich genau und achte darauf, welche Aussagen dein innerer Schweinehund tätigt und welche Argumente er anbringt. Nur wenn du mitbekommst, wann dein innerer Schweinehund das Wort ergreift, hast du die Gelegenheit, ihm zu widersprechen, um die Auswirkung seiner Worte abzufangen. Wichtig ist, dass du selbst überzeugend bist und absolut vehement widersprichst. Dein Schweinehund findet, dass das Lernen auch noch bis morgen warten kann? Wenn du nun anfängst, darüber nachzudenken, wie du deinen Lernplan verändern müsstest, um den einen Tag wett zu machen, hat er bereits gewonnen. Also sag deinem inneren Schweinehund - auch wenn du dir dabei zu Beginn vielleicht ein bisschen lächerlich vorkommst - direkt, dass ein Verschieben der Lerneinheit nicht infrage kommt. Auch wenn dein innerer Schweinehund natürlich ein Teil deines Selbst ist, darfst du dich dabei ruhig etwas überlegen fühlen. Schließlich bist du der vernünftige Anteil, der dafür sorgt, dass du das tust, was langfristig am besten für dich ist.

Die lange Sicht

Natürlich ist es im aktuellen Moment sehr verlockend, noch einen Tag auf der Couch zu verbringen oder etwas mit Freunden zu unternehmen, anstatt zu lernen. Langfristig gedacht bedeutet es aber weniger Vorbereitungszeit und mehr Stress. Da der Mensch generell dazu tendiert, die kurzfristige Befriedigung über den langfristigen Nutzen zu stellen, kann es durchaus schwer sein, der Versuchung zugunsten einer günstigeren Zukunft zu widerstehen. Das beste Beispiel ist das Rauchen. Kein Mensch würde rauchen, wenn ihn die Zigarette sofort krank machen würde. Aber das tut sie nicht. Sie liefert ein Befriedigungsgefühl, das kurzfristig greifbar ist, während ihre schädlichen Auswirkungen gefühlt in ferner Zukunft liegen. Zwar würde jeder klar denkende Mensch Lungenkrebs weit schwerer gewichten, als die Befriedigung, die eine Zigarette mit sich bringt, doch für den Moment scheint das absolut unwichtig zu sein. Schließlich ist die Befriedigung viel näher als der Krebs. Wenn du dir über dieses Muster klar wirst, hast du die Möglichkeit, deiner eigenen Natur ein Schnippchen zu schlagen und ganz bewusst entgegen der automatisiert auftretenden Tendenz zu handeln. Je öfter du das tust, desto leichter wird es dir fallen.

Kampf dem Perfektionismus

Perfektionismus kann extrem hinderlich sein - und zwar dann, wenn er dazu führt, dass du lieber gar nichts tust, als etwas nicht zu 100 % perfekt zu machen. Auch hinter einer stark perfektionistischen Einstellung stecken oft unbewusste Glaubenssätze. Sie führen dazu, dass du dich als Versager fühlst, obwohl du gute Leistungen erbringst - weil du noch Besseres hättest leisten können. Wenn du zu den Menschen gehörst, die sehr hohe Ansprüche an sich selbst haben und nicht weniger als Perfektion erwarten, ist es höchste Zeit, dass du die Messlatte ein gutes Stück tiefer hängst. Denn effektives Lernen kann nur stattfinden, wenn Fehler erlaubt sind. Ist das nicht der Fall, beschränkst du dich selbst in deinem Handlungsspielraum, schüchterst dich ein und baust einen Druck auf, der gar nicht existieren müsste. Du selbst wirst zu deinem größten Gegner. Und nur du selbst kannst das ändern. Am schnellsten geht das, indem du bewusst Aufgaben suchst, in denen du nicht brillieren wirst. Und immer, wenn dein innerer Kritiker dich für einen Fehler rügt, widersprichst du ihm und sagst dir selbst, dass Fehler normal und menschlich sind. Und dass du dich weder dafür entschuldigen noch dafür rechtfertigen oder gar schämen musst.

Merk dir folgenden Satz für's Leben: **"Lieber unperfekt starten als perfekt hinauszögern."**

Autosuggestionen

Autosuggestionen sind nichts anderes als Selbsteinredungen, also Dinge, die du dir selbst sagst. Die Arbeit mit Autosuggestionen findet in ganz verschiedenen Bereichen und mit unterschiedlichen Hintergründen statt und hat sich als überaus wirksam erwiesen. Es geht letztendlich darum, dir etwas so lange zu sagen, bis du es glaubst. Und zwar so sehr glaubst, dass es deine innere Einstellung, dein inneres Erleben und schließlich dich selbst verändert. Es hat sich gezeigt, dass wir Menschen Dinge, die wir oft hören, irgendwann automatisch als wahr und gegeben übernehmen. Genau das macht sich das Prinzip der Autosuggestion zunutze. Die folgenden kurzen Sätze sind Beispiele für brauchbare Autosuggestionen im Zusammenhang mit dem Lernen:

- ✓ Das Lernen fällt mir leicht.

- ✓ Ich kann mich konzentrieren.

- ✓ Lernen ist angenehm.

- ✓ Ich fühle mich gut, wenn ich lerne.

- ✓ Ich möchte lernen.

- ✓ Ich kann den Lernstoff bewältigen.

Natürlich kannst du dir selbst alternative Autosuggestionen ausdenken. Dabei solltest du unbedingt darauf achten, keine Negationen zu verwenden. Das kleine Wörtchen "nicht" wird vom Gehirn nämlich gerne überhört, sodass es keinen Wert besitzt und Sätze schnell gegenteilig ankommen. Sage also nicht "Das Lernen ist *nicht* umsonst" sondern "Das Lernen ist wertvoll" oder "Das Lernen ist wichtig." Verwende die Autosuggestionen regelmäßig, also mehrmals täglich, und konzentriere dich dabei nur darauf. Wenn am nächsten Morgen eine Lerneinheit ansteht, kannst du dich schon am Abend zuvor mit passenden Autosuggestionen darauf vorbereiten. Um diese zu verbildlichen, kannst du sie auch aufschreiben und laut vorlesen.

Belohnungssysteme

Man kennt es von Kindern und Hunden: Belohnungen können der Motivation einen ordentlichen Schub verleihen. Auch bei Jugendlichen und Erwachsenen funktioniert das genauso. Folglich kannst du deine innere Einstellung verbessern, indem du dich von Zeit zu Zeit belohnst. Die jeweiligen Belohnungen sollten im Vorhinein festgelegt werden, sodass du ganz gezielt darauf hinarbeiten kannst. Gleichzeitig sollten sie deinen Zielen nicht im Weg stehen. Wenn du dich für deinen Lernfortschritt belohnst, indem du dir einen lernfreien Tag genehmigst, für den eigentlich keine Zeit ist, schadest du dir im Endeffekt selbst. Bessere Beispiele für Belohnungen sind ein neues Buch, ein kurzer Ausflug in die Eisdiele, eine Entspannungs-CD oder ein heißes Bad mit duftendem Badeöl.

Power Posen

Sogenannte Power Posen versorgen dich mit Energie und Selbstbewusstsein, wenn du sie einnimmst, und können deiner inneren Einstellung direkt vor dem Lernen den Feinschliff verleihen.

‣ Wonderwoman

Platziere deine Füße in einem leicht übertriebenen hüftbreiten Stand, stämme die Hände in die Hüften und richte dich voll auf. Ziehe deine Schultern leicht nach hinten unten und hebe dein Kinn an. Der Blick zeigt dabei gerade aus.

> ▸ **Der Performer**

Nimm wieder den hüftbreiten Stand ein, richte dich auf und strecke deine Arme dann mit geballten Fäusten oder offenen Handflächen schwungvoll in die Höhe.

> ▸ **Der Siegerpose**

Stell dich hüftbreit hin und strecke deine beiden Hände seitlich von deinem Körper in die Höhe. Dabei zeigen deine Zeigefinger schräg in die Höhe und dein gesamter Rücken ist gerade.

Die Posen solltest du für bis zu zwei Minuten halten. Achte dabei darauf, wie sich dein Körper anfühlt und spüre, wie Energie und Selbstbewusstsein in dir anwachsen. Je öfter du die Power Posen erfolgreich einsetzt, desto deutlich spürbarer wird ihr Effekt. Sie eignen sich übrigens auch ideal, um dich vor einem Vorstellungsgespräch mit dem nötigen Mut und Selbstvertrauen auszustatten, damit du souverän auftreten kannst.

Die Organisation - Lernumgebung, Materialien und Co.

Effizientes Lernen will gut vorbereitet sein. Hierfür solltest du dir Zeit nehmen, bevor du mit der ersten Lerneinheit beginnst:

✓ Die Lernumgebung vorbereiten

Wie bereits mehrfach erwähnt, spielt die Lernumgebung eine entscheidende Rolle. Überlege dir, welche Orte dir zum Lernen zur Verfügung stehen und entscheide dich für den Ort, der die folgenden Kriterien am ehesten erfüllt:

✓ Du hast ausreichend Platz.

✓ Der Raum verfügt über ein Fenster zum Lüften.

✓ Du fühlst dich dort wohl.

✓ Du bist dort ungestört.

✓ Du kannst für angenehme Lichtverhältnisse sorgen.

Wenn du deinen Lernplatz gefunden hast, räumst du ihn ordentlich auf und schaffst alles aus deinem Blickfeld, was dich später ablenken könnte. Zum Schluss öffnest du das Fenster für einige Minuten, sodass du mit reichlich frischer Luft in deine Lerneinheit starten kannst.

✓ Die benötigten Materialien bereitlegen

Stifte, Papier, ein Laptop, Textmarker, Lineal, Taschenrechner, Radiergummis, Büroklammern, Karteikarten und Co. sollten bereitliegen, damit du deine Lerneinheit nicht unterbrechen musst, um danach zu suchen. Überlege dir genau, welche Materialien du benötigen wirst, und ordne sie so auf dem Schreibtisch an, dass sie bequem zu erreichen sind, ohne dir im Weg zu stehen. Zusätzlich darf eine Flasche Wasser oder eine Kanne Tee nicht fehlen. Schließlich sollst du das Trinken nicht vergessen. Außerdem bietet es sich an, eine digitale oder analoge Uhr im Raum zu platzieren, sodass du die Zeit im Blick behalten kannst. Ein Smartphone zum Checken der Zeit eignet sich weniger gut. Warum? Ganz einfach: Du willst eigentlich nur wissen, wie viel Uhr es ist, siehst dabei aber, dass du eine neue Nachricht bekommen hast, und schon bist du hochgradig abgelenkt.

✓ Das Lernmaterial strukturieren

Mit Lernmaterial sind sämtliche stoffbezogenen Inhalte - also Bücher, Notizen, Handouts, Ordner und ähnliches - gemeint. Trage alles zusammen und stelle sicher, dass dir nichts fehlt. Zu diesem Zeitpunkt sitzt du vermutlich vor einem mehr oder weniger großen Berg an

Material, das nicht ausreichend strukturiert ist. Eine Struktur ist aber immens wichtig, damit du beim Lernen später nicht ständig herumblättern und suchen musst. Um eine brauchbare, sinnvolle Struktur zu schaffen, gehst du folgendermaßen vor:

➡ Schritt 1: Unnötiges aussortieren

Höchstwahrscheinlich ist nicht alles, was vor dir liegt, von Relevanz. Inhalte, die sich doppeln oder nicht gebraucht werden, gehören aussortiert und aus dem Weg geräumt. In Büchern solltest du die relevanten Kapitel mit Post-Its markieren, um sie später direkt zu finden.

➡ Schritt 2: Themen und Unterthemen festlegen

Nun gliederst du den gesamten Lernstoff in Haupt- und Unterthemen. Damit leistest du nebenbei schon Vorarbeit für das spätere Erstellen des Lernplans. Als Faustregel gilt: Themen, die mehr als 25 % des gesamten Lernstoffs ausmachen, müssen in Unterthemen untergliedert werden.

➡ Schritt 3: Materialien zuordnen

Im letzten Schritt sortierst du dein Lernmaterial nach den Themen und Unterthemen. Du kannst einfach mehrere "Haufen" bilden oder den Themen jeweils eine Farbe zuordnen und wieder mit Post-Its arbeiten. Wenn du viele Materialien parallel für zwei oder mehr Themen benötigst, bietet sich hingegen das Erstellen einer Liste an. Notiere die Themen und darunter die jeweils relevanten Materialien.

Der Lernplan und wie du ihn erstellst

Ein Lernplan ist an und für sich eine recht simple Sache. Trotzdem ist es natürlich wichtig zu wissen, wie die Erstellung möglichst zeitsparend vonstattengehen kann. Diese sieben Schritte führen zum fertigen Lernplan:

Schritt 1: Situation beurteilen

Im ersten Schritt gilt es, die Ausgangssituation zu beurteilen. Wie viel Zeit hast du noch, um dir den Stoff anzueignen? Und gibt es Tage und Zeiträume, die bereits fest verplant sind und in denen es dir nicht möglich ist, zu lernen?

Schritt 2: Aufgaben auflisten

Du hast den Stoff bereits in Themen und Unterthemen gegliedert. Nun listest du sämtliche Aufgaben auf, die du erledigen musst, um dir den Stoff zu den einzelnen Unterthemen anzueignen. Beispiele für solche Aufgaben sind Lesen, Zusammenfassen, Karteikarten schreiben und Wiederholen.

Schritt 3: Zeitaufwand einschätzen

Dann schätzt du ein, wie viel Zeit die einzelnen Aufgaben in Anspruch nehmen. Sei dabei möglichst realistisch und schätze eher großzügig als zu knapp.

Schritt 4: Prioritäten setzen

Sollte nun klar sein, dass die dir verbleibende Zeit nicht ausreicht, um sämtliche Aufgaben zu erledigen, musst du klare Prioritäten setzen. Welche Aufgaben müssen unbedingt erledigt werden? Und gibt es vielleicht Aufgaben, die weniger wichtig sind? Ordne allen Aufgaben eine Priorität von A bis C zu. Aufgaben der Kategorie A haben Vorrang vor Aufgaben der Kategorie B und Aufgaben der Kategorie C kommen erst dann auf den Tisch, wenn sämtliche As und Bs abgearbeitet sind.

Schritt 5: Zeitmanagement und Pausen

Lege eine feste Zeit für eine Lerneinheit fest. Generell bieten sich 50 Minuten an, wobei pro Tag maximal acht Lerneinheiten stattfinden sollten. Zwischen zwei Lerneinheiten steht immer eine Pause von 10 Minuten, sodass die Lerneinheit plus Pause eine volle Stunde füllt. Nach vier Einheiten machst du mindestens 30 Minuten Pause, bevor du mit der fünften Einheit des Tages beginnst.

Schritt 6: Tabelle anlegen

Lege dir eine Tabelle an, in die du die Aufgaben später eintragen kannst. So kannst du den Überblick behalten und verlierst nicht deinen Fokus. Dementsprechend kannst du jedes Zeitfenster optimal nutzen. Im Folgenden findest du ein Beispiel, das du für deine erste Woche nutzen kannst:

Uhr-zeit	Mo	Di	Mi	Do	Fr	Sa	So
08:00 - 09.00							
09:00 - 10:00							
10:00 - 11:00							
11:00 - 12:00							
12:30 - 13:30							
13:30 - 14:30							
14:30 - 15:30							
...							

Schritt 7: Stoff verteilen

Schließlich verteilst du den Stoff auf deinen Zeitplan. In der Tabelle trägst du ein, was du dir für die jeweilige Lerneinheit vornimmst. Achte dabei darauf, dass die eingetragenen Aufgaben in 50 Minuten zu bewältigen sind. Größere Aufgaben müssen dementsprechend unterteilt werden. Es bietet sich an, Thema für Thema vorzugehen und nicht ständig von einem Thema zum nächsten zu springen. Außerdem solltest du die Themen in einer möglichst sinnvollen Reihenfolge angehen. Besteht eine Verbindung zwischen Thema A und Thema C sowie zwischen den Themen B und D, solltest du dich also zunächst auf A, dann auf C, anschließend auf B und zu guter Letzt auf D konzentrieren. Et voilà: dein Lernplan steht und das Lernen mit Struktur kann beginnen!

Das Wichtigste in Kürze

✓ Eine positive innere Einstellung ist das A und O für effektives Lernen, doch dieser steht oftmals der innere Schweinehund im Weg. Glücklicherweise kann eine eher negative Einstellung mithilfe verschiedener Maßnahmen korrigiert werden.

✓ Bei der Vorbereitung auf das Lernen gilt es nicht nur, eine geeignete Lernumgebung zu schaffen und die benötigten Utensilien zusammenzutragen. Auch das Lernmaterial sollte unbedingt in eine sinnvolle Struktur gebracht werden.

✓ Das Erstellen eines Lernplans ist sehr zu empfehlen. Es nimmt zwar etwas Zeit in Anspruch, sorgt aber dafür, dass das Lernen später effizient und geordnet vonstattengehen kann. Zum fertigen Lernplan führen sieben einfache Schritte.

Kapitel 4: Die Lerntypen - individuell lernen für mehr Erfolg

 Unterschiedliche Menschen lernen auf unterschiedliche Weise besonders schnell und nachhaltig. Deshalb unterscheiden wir im Gesamten sechs Lerntypen. Wenn du weißt, welchem Typen du angehörst, kannst du deine Lernweise daran ausrichten und stark davon profitieren. In diesem Kapitel werden die verschiedenen Lerntypen im Detail vorgestellt. Außerdem hast du die Möglichkeit, einen Selbsttest zu absolvieren, um herauszufinden, welche Lerntypen dir am ehesten entsprechen.

Die sechs Lerntypen

Zunächst widmen wir uns den sechs Lerntypen und sehen uns an, was diese jeweils auszeichnet.

Der *visuelle* Lerntyp

Wer dem visuellen Lerntyp angehört, nimmt Informationen besonders gut über das geschriebene Wort, also über das Lesen, oder über Bilder und grafische Darstellungen auf. Von Kindesbeinen an sind Menschen dieses Typs begabte Memory-Spieler und setzte sich problemlos gegen ihre erwachsenen Mitspieler durch. Im Unterricht schreiben sie fleißig mit und fertigen, wann immer es sich anbietet, Skizzen an. Wenn sie nur Hören, die Informationen aber in keinster Weise sehen können, tun sie sich schwer dem Unterricht zu folgen und die Thematik zu verstehen.

Der *auditive* Lerntyp

Der auditive Lerntyp lernt vorwiegend über das Hören. Als Kind fällt er dadurch auf, dass er sich Reime und Liedtexte besonders schnell und gut merken kann. Liest er einen Text, bewegen sich oft seine Lippen. Er verfügt generell über eine gute Auffassungsgabe und ist wie geschaffen für den vielerseits verhassten Frontalunterricht. Wenn der Unterrichtende spricht, hört er aufmerksam zu und kann die auditiv erfassten Informationen einfach abspeichern.

Der *motorische* Lerntyp

Der motorische Lerner ist ein Praktiker. Für ihn gilt: Probieren geht über studieren. Er ist experimentierfreudig, hat kein Problem damit, Fehler zu machen, und erfreut sich an aktivem Unterricht. Er lernt, indem er Dinge tut und ist kein Freund von langem Nachdenken. Es fällt ihm leicht, Impulsen zu folgen und aus Worten Taten werden zu lassen. Sein Bewegungsdrang wirkt dem effektiven Lernen in langen Schulstunden, die im Sitzen verbracht werden, entgegen. Er ist häufig daran zu erkennen, dass er beim Sprechen seine Hände benutzt, um ausgiebig zu gestikulieren.

Der *kommunikative* Lerntyp

Der kommunikative Lerntyp ist ein begabter Redner. Wenn er eine Geschichte erzählt, hören alle aufmerksam zu, denn er weiß, wie er sprachlich überzeugen kann und er liebt es, zu reden. Auf der anderen Seite glänzt er aber auch beim Zuhören. Solange ein kommunikativer Austausch besteht, kann er sowohl sprechen als auch lauschen und nimmt dabei Informationen auf. Generell ist der kommunikative Lerner ein sympathischer Typ, der gut bei seinen Mitmenschen ankommt und oft führende Rollen innerhalb der Gruppenstruktur übernimmt. Als Kind wird er oft zum Klassensprecher gewählt, später ist er beispielsweise Vorsitzender im Elternbeirat oder im Betriebsrat. Er weiß, wie man mit Worten umgeht, scheut keine Konflikte und sucht das Gespräch aktiv. Oftmals haben Menschen diesen Typs Probleme damit, alleine zu sein, und fällen Entscheidungen erst, nachdem sie ausgiebig mit einer anderen Person darüber gesprochen haben.

Der *personenorientierte* Lerntyp

Personenorientierte Lerner fokussieren sich auf die Lehrkraft. Sympathie spielt hier eine große Rolle. Wenn ein solcher Lerntyp mit einem Lehrer konfrontiert wird, der ihm widerstrebt, wird er kaum fähig sein, Stoff, der von dieser Person vermittelt wird, aufzunehmen. Im Umkehrschluss wirkt sich eine Sympathie für die Lehrkraft außerordentlich positiv auf den Lernerfolg aus. Abgesehen vom Lernen ist der personenorientierte Typ oftmals ein Einzelgänger, der sich gerne mit sich selbst beschäftigt und bei neuen Begegnungen stets kritisch hinterfragt, ob er sein Gegenüber leiden kann.

Der *medienorientierte* Lerntyp

Der medienorientierte Lerntyp ist technisch begabt und benötigt keinen direkten menschlichen Kontakt, um zu lernen. Auf einen Lehrer aus Fleisch und Blut kann er getrost verzichten, wenn ihm ein virtueller Lehrer zur Verfügung steht. Schon im Kindesalter interessiert er sich übermäßig für Smartphones, Computer und Co., wobei diese Begeisterung mit zunehmendem Alter wächst. So mancher medienorientierter Lerner wird zum Computer-Crack und Hobby-Hacker. Wenn sich Bild und Ton auf einem Bildschirm vereinen, ist dieser Lerntyp bereit, jeden Fetzen an Information förmlich aufzusaugen.

In der Realität kommen die Lerntypen nur selten in absoluter Reinform vor. Weitaus gängiger sind Mischformen, also Menschen, die zum Beispiel auditiv-visuell oder motorisch-personenorientiert lernen.

Selbsttest - welcher Lerntyp bist du?

Du möchtest herausfinden, welchem Lerntyp, beziehungsweise welchen Lerntypen, du angehörst? Dieser Selbsttest hilft dir dabei! Wichtig ist, dass du möglichst ehrlich antwortest. Denke nicht zu viel über die Antworten nach, sondern wähle die Antwort aus, die dir auf Anhieb als passend erscheint.

1. Wenn ich Musik höre, dann...

A.   ...male ich mir in meinem Kopf dazu passende Bilder und Szenen aus.

B.   ...bin ich in meinem Element. Ich sauge die Melodie und den Text in mich auf und habe oft stundenlang einen Ohrwurm.

C.   ...will ich einfach nur lostanzen.

D.   ...möchte ich mich über das besungene Thema austauschen.

E.   ...wünsche ich mir, mich einmal mit dem Sänger unterhalten zu können.

F.   ...nur mit zugehörigem Musikvideo.

2. Im Unterricht bin ich die Person, die...

A.   ...aufmerksam zuhört und sich darüber ärgert, wenn andere tuscheln.

B.   ...Schaubilder an der Tafel akribisch abzeichnet und dabei auf jedes Detail achtet.

C. ...nur darauf wartet, dass endlich ein Experiment gemacht wird.

D. ...gerne Diskussionen mit dem Lehrer oder der Klasse anfängt.

E. ...den Lehrer liebt und an seinen Lippen hängt oder hasst und ignoriert - dazwischen gibt es nichts.

F. ...sich ganz besonders freut, wenn der Lehrer einen Film mitbringt.

3. Wenn mir ein Text vorgelegt wird, dann...

A. ...lese ich ihn wenn möglich laut oder bewege beim Lesen zumindest meine Lippen.

B. ...lese ich ihn - was sonst?

C. ...gebe ich mir Mühe, ihn zu lesen, tripple dabei aber mit den Fingern oder den Beinen und würde am liebsten umherlaufen.

D. ...möchte ich mich mit jemandem über den Inhalt austauschen.

E. ...ärgere ich mich darüber, dass ich den Text nicht mit einem Partner bearbeiten kann. Aber nur mit einem ganz bestimmten!

F. ...lese ich ihn und verwende parallel Google, um nach Begriffen zu suchen, die ich nicht verstehe.

4. Wenn ich ein Thema nicht verstehe, dann...

A. ...lerne ich den Stoff halt auswendig. Das fällt mir ohnehin leicht.

B. ...versuche ich, mir den Sachverhalt bildlich vorzustellen.

C. ...hoffe ich, dass learning-by-doing hilft, und setzte so viel wie möglich in die Tat um.

D. ...stelle ich viele Fragen und tausche mich aus - so lange, bis ich es verstanden habe.

E. ...frage ich den Lehrer und hoffe, dass er es mir nochmal erklärt.

F. ...hat das Netz sicher ein Tutorial zu bieten, das mir helfen kann.

5. Ich würde mich beschreiben als...

A. ...aufmerksam, musikalisch und klug.

B. ...Leseratte, kreativ und manchmal träumerisch.

C. ...aktiv, mutig und abenteuerlustig.

D. ...kleines Plappermaul, interessiert und kommunikativ.

E. ...sozial, harmoniebedürftig und manchmal etwas anhänglich.

F. ...zurückhaltend, wissensdurstig und überlegt.

6. Wie lernst du meistens/wann immer möglich?

A. Ich passe im Unterricht auf. Was der Lehrer sagt, bleibt meist in meinem Kopf.

B. Ich schreibe Zusammenfassungen, lege Karteikarten an und zeichne Skizzen.

C. Ich versuche, den Stoff in die Tat umzusetzen. Was ich anfassen und tun kann, kann ich mir merken.

D. In Lerngruppen.

E. Mit einer Person, die mich abfragt.

F. Ich suche einen Film zum Thema, recherchiere passende Zeitungsartikel oder sehe mir Tutorials an.

7. Wenn ich spreche, dann...

A. ...achte ich auf den Klang und die Lautstärke meiner Stimme. Schließlich kann ich damit mehr ausdrücken, als mit den bloßen Worten.

B. ...verwende ich bildhafte Ausdrücke und ziele darauf ab, dass sich mein Gegenüber gut vorstellen kann, was ich meine.

C. ...verwende ich viele Gesten.

D. ...höre ich nicht so schnell wieder damit auf, versuche dabei aber immer, mein Gegenüber in das Gespräch miteinzubeziehen.

E. ...wünsche ich mir, dass mir mein Gegenüber aufmerksam zuhört und mir auch seine Meinung mitteilt.

F. ...verweise ich gerne auf Filme, Bücher und Online Content.

8. Ein Freund bittet dich, ihm etwas zu erklären. Du...

A. ...leihst ihm ein gutes Hörbuch zum Thema aus.

B. ...zeichnest eine Skizze, um die Dinge zu veranschaulichen.

C. ...versuchst, ihn praktisch anzuleiten.

D. ...erklärst das Thema ausführlich verbal.

E. ...fühlst dich geehrt, gefragt worden zu sein und richtest dich bei deiner Erklärung nach den Wünschen deines Freundes.

F. ...schickst ihm einen Link zu einer Website, die eine gute Erklärung beinhaltet.

9. Nachdem ich die Beschreibungen gelesen habe, glaube ich, mein Lerntyp ist...

A. ...auditiv.

B. ...visuell.

C. ...motorisch.

D. ...kommunikativ.

E.   …personenorientiert.

F.   …medienorientiert.

Wahrscheinlich hast du es schon vermutet: Antwort A steht jeweils für den auditiven Lerntypen, B für den visuellen und C für den motorischen Lerner, D für den kommunikativen Typ, E für den personenorientierten Lerner und F für den medienorientierten Lerntyp. Zähle, wie häufig du A, B, C, D, E und F angekreuzt hast. Hast du beispielsweise achtmal A angekreuzt, gehörst du dem auditiven Lerntypen an. Hast du fünfmal B und viermal D gewählt, lernst du eher visuell-kommunikativ.

Lerntipps für die unterschiedlichen Lerntypen

Das Lernen verläuft unkomplizierter und effektiver, wenn es an den individuellen Typ, beziehungsweise an die individuellen Typen, angepasst ist. Daher folgen nun einige Tipps für die einzelnen Lerntypen.

Tipps für den *visuellen* Lerntyp

Der visuelle Lerner ist ein leidenschaftlicher Leser, der Bücher geradezu verschlingt und dem dabei keine Details verloren gehen. Eine unaufgeräumte Lernumgebung führt bei ihm zu einem deutlich verlangsamten Lernfortschritt, weshalb er insbesondere Wert auf einen ordentlichen Arbeitsplatz legen sollte. Wenn die Möglichkeit besteht, sollte er Informationen in Skizzen und Grafiken verpacken. Dabei kann er ruhig kreativ werden und muss sich nicht immer an die allgemeingültigen Regeln halten. Bei der Bearbeitung eines Textes bietet es sich für diesen Lerntyp an, Textmarker zu verwenden, um wichtige Passagen hervorzuheben. Als Beiwohner des klassischen Frontalunterrichts, sollte der visuelle Lerner unbedingt mitschreiben, um die In-

formationen später nachlesen und so vollständig aufnehmen zu können.

Tipps für den *auditiven* Lerntyp

Der auditive Typ muss die Informationen hören, um sie möglichst gut aufnehmen und abspeichern zu können. Aus diesem Grund bieten sich sachbezogene Hörbücher oder Podcasts an. Wann immer möglich, sollten die Infos, beispielsweise Vokabeln, mit dem Smartphone aufgenommen und angehört werden. Das funktioniert wunderbar beim Autofahren, in der Bahn oder beim Einkaufen. Zudem kann es dem auditiven Lerntyp helfen, beim Lernen Musik im Hintergrund laufen zu lassen. Die auditive Stimulation sorgt dann dafür, dass auch das geschriebene Wort besser aufgenommen wird.

Tipps für den *motorischen* Lerntyp

Dem motorischen Lerntyp fällt es schwer, still zu sitzen und sich stundenlang auf einen Vortrag oder ein Buch zu konzentrieren, ohne sich zu bewegen. Das stoische Sitzen und Lernen ist der Feind dieses Typs. Daher sollte er beim Lernen im Zimmer umhergehen oder seinen Stoff sogar auf einen Spaziergang mitnehmen. Manchmal genügt schon ein Wippen mit dem Bein oder ein Klopfen mit den Fingern, um die nötige Aktion in die Sache zu bringen und den Stoff effektiv aufzunehmen. Sollte es thematisch möglich sein, kann der motorische Lerntyp Szenen körperlich nachstellen, um sich den Stoff leichter anzueignen.

Tipps für den *kommunikativen* Lerntyp

Lerngruppen sind der heilige Gral des kommunikativen Lerntyps. In deren Rahmen kann er sich zum Stoff austauschen und sich diesen optimal aneignen. Auch das gegenseitige Abfragen kommt ihm entgegen. Das Lernen im Alleingang liegt diesem Lerntypen dagegen weniger. Wenn er niemanden hat, mit dem er kommunizieren kann, tut er sich schwer damit, den Stoff abzuspeichern. Das bedeutet nicht, dass keine "Solo-Lerneinheiten" möglich sind. Dennoch sollte sich der kommunikative Lerntyp so oft wie möglich Gesellschaft zum Lernen suchen und sich zur Not mit sich selbst unterhalten - themenbezogen, versteht sich.

Tipps für den *personenorientierten* Lerntyp

Als personenorientierter Lerner braucht man unbedingt einen guten Lehrer, der einem sympathisch ist. Man ist quasi auf die Lehrkraft und deren Eigenschaften angewiesen. Schafft es dieser Typ, eine gute Beziehung zum Lehrer aufzubauen, kann er im Handumdrehen lernen. Gelingt dies nicht, leidet der Lernfortschritt. Personenorientierten Lernern ist zu empfehlen, einen Lernpartner zu finden, der die individuell gestellten Kriterien erfüllt. Auf diese Weise können gemeinsame Lerneinheiten äußerst effektiv gestaltet werden.

Tipps für den *medienorientierten* Lerntyp

Als medienorientierter Lerner gibt es kein "zu viel" an medialer Unterstützung. Besonders wertvoll sind in diesem Zusammenhang Tutorials, wie sie auf YouTube zu fast jedem Thema zu finden sind, und Sachfilme. Aber auch "ältere" Medien, wie Bücher, Zeitungen und TV, können für diesen Lerntyp ihren Reiz haben.

Ja, es ist sinnvoll, das Lernen dem Lerntyp anzupassen. Dennoch solltest du dir den Lernstoff, wann immer möglich, über mehrere Sinneskanäle aneignen. Warum? Ganz einfach: Je mehr Sinne beim Lernen beteiligt sind, desto tiefer werden die Informationen abgespeichert. Wer auditiv lernt, sollte also zum Beispiel zwischendurch Grafiken und Texte nutzen, und wer visuell lernt, sollte sich den Stoff von Zeit zu Zeit laut vorlesen.

Den Lerntyp früh erkennen

Schon im Kindesalter profitiert man davon, lerntypengerecht geför-
dert zu werden. Viele Kinder zeigen recht deutlich, wie sie am besten
lernen. Letztendlich fällt den Eltern aber die Aufgabe zu, ihr Kind
darin zu unterstützen, typgerecht zu lernen. Du weißt bereits, was die
einzelnen Lerntypen auszeichnet. Kinder zeigen die jeweiligen Eigenschaften und Lernmuster oft schon zwischen dem dritten und siebten
Lebensjahr. Spätestens, wenn das Kind die Grundschule besucht und
entsprechend mit dem aktiven und ganz bewussten Lernen vertraut
gemacht wird, können Eltern leicht beobachten, wie ihre Kinder am
einfachsten und schnellsten lernen. Da das Kind selbst nur einge-
schränkte Möglichkeiten hat, sich neue Lernmethoden anzueignen
und seinen Lernstil seinem Typ anzupassen, müssen die Eltern es
sanft anleiten. Diese Merkmale deuten auf ein Kind des jeweiligen
Typs hin:

Das *auditiv* lernende Kind

Auditiv veranlagte Kinder hören aufmerksam zu, wenn mit ihnen gesprochen wird. Sie haben eine Vorliebe für Kinderlieder und können
sich deren Texte schnell einprägen. Außerdem besitzen sie oft ein
angeborenes Taktgefühl. Sie haben wortwörtlich den Rhythmus im
Blut. Manchmal interessieren sie sich auch schon sehr früh für Instrumente und haben beispielsweise wenig Schwierigkeiten damit, die
grundlegenden Fähigkeiten zum Spielen der Blockflöte zu entwickeln.
Im Gegenzug lenken sie Geräusche stark ab. Wenn die Mutter staub-
saugt, während das Kind die Hausaufgaben macht, reduziert dies seine Konzentration extrem. Manchmal sind auditiv veranlagte Kinder
auch hochsensibel in Bezug auf Geräusche, sodass ihr Wohlbefinden
durch zu viele auditive Reize ernsthaft negativ beeinflusst wird.

Das **visuell** lernende Kind

Visuell lernende Kinder gehen mit weit offenen Augen durch die Welt. Sie lieben Bilderbücher, zeichnen oft besonders gerne und schaffen es, Objekte in den richtigen Proportionen aufs Papier zu bringen. Dinge, die sie nur hören, vergessen sie leicht wieder. Schreiben sie sie hingegen auf oder können sie ablesen, speichern sie die Informationen schnell ab. Visuell veranlagte Kinder sind besonders empfindlich gegenüber Unordnung. Wenn der Schreibtisch chaotisch ist, fällt das Lernen schwer. Daher sollten sie stets dazu angehalten werden, ihre Lernumgebung ordentlich zu halten.

Das **motorisch** lernende Kind

Das motorisch lernende Kind ist der typische "Macher". Es packt die Dinge an, probiert aus und hat keine Angst davor, Fehler zu machen. Es eignet sich neue Fähigkeiten ruck zuck durch Ausprobieren an und fällt manchmal dadurch auf, dass es seine Finger nicht bei sich behalten kann. Im Kleinkindalter fasst es alles an und testet gerne auch mal, wie Sand schmeckt, wie weit man Steine werfen kann oder was passiert, wenn man eine Vase umschmeißt. Das Stillsitzen fällt dem motorisch lernenden Kind schwer. Es ist ein kleiner Wirbelwind, der sich gut mit sich selbst beschäftigen kann, dabei aber stets danach strebt, Neues zu entdecken und seinen Erfahrungsschatz zu erweitern. Entsprechend können Kinder dieses Lerntyps ihre Eltern in jungen Jahren ordentlich auf Trab halten. Wichtig ist, dass ihre Experimentierfreude nicht unterdrückt, sondern in produktive und ungefährliche Bahnen gelenkt wird.

Das **kommunikativ** lernende Kind

Kommunikativ veranlagte Kinder bringen ihre Eltern häufig durch bloßes Fragen an ihre Grenzen. "Warum muss Papa zur Arbeit?", "Wieso springt das Auto an, wenn man den Schlüssel dreht?", "Wo geht die Sonne hin, wenn ich sie nicht mehr sehen kann?", "Warum sind die Sterne so weit weg?" und "Was passiert, wenn ich in die Steckdose fasse?" Diese Kinder lernen durch den Austausch, weshalb all ihre Fragen beantwortet werden müssen, auch wenn sie Erwachsenen vielleicht manchmal unsinnig erscheinen oder sogar gehörig auf die Nerven gehen. Im Umgang mit Gleichaltrigen zeigen sich kommunikativ lernende Kinder aufgeschlossen und umgänglich, weshalb sie schnell Freunde finden, und auch gegenüber Erwachsenen fremdeln sie selten. Sie fangen früh an, Worte nachzuplappern und verfügen in der Regel über einen größeren Wortschatz, als andere Kinder ihrer Altersstufe.

Das **personenorientiert** lernende Kind

Personenorientiert lernende Kinder suchen sich ihre Bezugspersonen sehr genau aus. Im Kindergarten haben sie eine Erzieherin, die sie vergöttern, und eine andere, mit der sie absolut nichts anfangen können. Sie bauen schnell starke Bindungen auf und tun sich schwer damit, sich von ihren Bezugspersonen zu trennen. Solange sie beispielsweise ihre Mutter in der Nähe haben, sind sie mutig und ungehemmt. Müssen sie sich aber zeitweise von ihr trennen, werden sie schnell ängstlich und unsicher. Diese Kinder brauchen den Kontakt zu einer Bezugsperson, um effektiv lernen zu können, und sind dankbare Zuhörer, wenn ihnen etwas erklärt wird.

Das **medienorientiert** lernende Kind

Medienorientierte Kinder interessieren sich schon früh für alles mediale. Smartphones, Zeitungen und der Fernseher ziehen sie magisch an und fesseln ihre Aufmerksamkeit. Deshalb ist es besonders wichtig, ihnen frühzeitig den verantwortungsvollen Umgang mit den Medien - vor allem mit den neuen, digitalen Medien - beizubringen. Sie lieben es, vorgelesen zu bekommen, warten sehnlichst auf den Tag, an dem sie ihr erstes eigenes Handy in den Händen halten, und zeigen sich begabt im Umgang mit Computer und Co. Altersgerechte Lernspiele mit klarem Lernziel sind wie geschaffen für medienorientiert lernende Kinder.

Das Wichtigste in Kürze

✓ Es gibt sechs unterschiedliche Lerntypen: den auditiven, den visuellen, den motorischen, den kommunikativen, den personenorientierten und den medienorientierten Typen. In der Realität sind Mischformen die Regel.

✓ Jeder Lerntyp nimmt Informationen auf verschiedene Weisen besonders gut auf. Deshalb kann man effizienter und nachhaltiger lernen, wenn man seinen Lerntyp kennt und seine Lernweise entsprechend anpasst.

✓ Welchem Lerntyp man angehört, zeigt sich meist schon in der Kindheit. Verschiedene Verhaltensweisen verraten Eltern, welchem Lerntyp ihr Kind vermutlich angehört.

Kapitel 5: Lerntechniken - Von ABC bis Summary

Es gibt eine Vielzahl von Lerntechniken, die sich bewährt haben und entsprechend immer wieder empfohlen und genutzt werden. In diesem Kapitel sehen wir uns die bekanntesten dieser Techniken an und lernen, wie du sie selbst anwenden kannst.

ABC-Technik

Wir starten mit der ABC-Technik, die manchmal auch Alphabet-Methode genannt wird. Sie geht auf die deutsche Autorin Vera F. Birkenbihl, die lange Zeit sehr erfolgreich als Motivationstrainerin tätig war, zurück. Die Technik eignet sich gut, um sich Abkürzungen zu merken oder Vokabeln zu lernen. So gehst du vor:

Schritt 1: ABC-Liste schreiben

Nimm Stift und Papier zur Hand und schreibe die Buchstaben von A bis Z an den linken Seitenrand.

Schritt 2: Wörter zuordnen

Wähle nun ein Wort pro Buchstabe, das jeweils mit diesem Anfangsbuchstaben beginnt. Bei A könnte beispielsweise Apfel stehen, bei B Ballerina und bei C Chor. Du kannst dabei intuitiv vorgehen und ganz einfach die Worte wählen, die dir als erstes in den Kopf kommen.

Schritt 3: Verknüpfung einprägen

Dann prägst du dir das jeweilige Wort zum Buchstaben ein. Gehe mehrfach durch die Liste und decke dabei die Worte bis auf den An-

fangsbuchstaben ab. Das machst du so lange, bis du eine feste Verbindung zwischen den Buchstaben und den zugehörigen Worten hergestellt hast.

Schritt 4: *Lernen*

Nehmen wir nun an, du hättest Schwierigkeiten damit, dir das französische Wort für "Winter" - hiver - zu merken. Auf deiner ABC-Liste ist dem "H" das Wort Halbmond zugeordnet. Nun stellst du dir einen Halbmond über einer verschneiten Landschaft vor und verknüpfst dieses Bild mit "hiver". Wenn du langfristig nach dem Wort für "Winter" suchst, wirst du an das winterliche Bild denken, vom Halbmond auf den Anfangsbuchstaben "H" kommen und schon fällt dir "hiver" ein.

———————

Erweiternd kann die ABC-Technik auch genutzt werden, um ein Lernthema abzuschließen und nochmals durch die wichtigsten Begrifflichkeiten zu gehen. Wieder wird das Alphabet an den linken Seitenrand geschrieben. Nun wird jedem Buchstaben ein Wort zugeordnet, das mit dem aktuellen Lernthema in Verbindung steht. Wenn du das Wort niederschreibst, wiederholst du im Kopf seine Bedeutung im Zusammenhang mit dem Lernthema. So wiederholst du spielerisch die Schlüsselwörter der Thematik von A bis Z.

Eselsbrücken

Eselsbrücken sind kurze Merksätze, die einen Sachverhalt vereinfacht beschreiben und beim Lernen durchaus als Unterstützung fungieren können. Das Wort Eselsbrücke geht tatsächlich auf Esel und deren Verhaltensweisen zurück. Ein Esel wird sich normalerweise immer weigern, einen Fluss zu durchqueren, auch wenn dieser flach und ruhig ist. Das liegt daran, dass er die Tiefe des Wassers nicht abschätzen kann. In der Folge muss man sich eine Brücke suchen, um einen Esel übers Wasser zu bekommen. Man geht einen Umweg, kommt dafür aber ohne Schwierigkeiten ans andere Ufer. Genau das ist es, was Eselsbrücken bezwecken. Sie stellen einen alternativen Weg dar, um sich etwas zu merken. Eine sehr bekannte Eselsbrücke ist zum Beispiel "Mein Vater erklärt mir jeden Sonntag unseren Nachthimmel." Die Anfangsbuchstaben der einzelnen Worte stehen für die Planeten unseres Sonnensystems und ihre Reihenfolge: Merkur, Venus, Erde, Mars, Jupiter, Saturn, Uranus, Neptun. Wenn keine Eselsbrücke für das, was du dir merken möchtest, existiert, kannst du dir einfach selbst eine bauen. Werde kreativ, lasse deine Fantasie spielen und entwerfe Merksätze, die dir das Lernen leichter machen.

Gedächtnispalast

Der Gedächtnispalast ist eine spezielle Mnemotechnik, die beim Merken von Zahlen, Fakten, Nummern und Namen hilft. Die Technik ist verwandt mit der Loci-Methode, die du in diesem Kapitel auch noch kennenlernen wirst. Der Gedächtnispalast basiert auf einer Struktur aus Informationen, die vom Lernenden selbst angelegt wird. Informationen werden thematisch geordnet in Räumen abgelegt. Räume lassen sich wiederum durch Treppen und Türen verbinden. Information für Information und Raum für Raum entsteht so ein Palast voller Informationen. Es handelt sich um einen recht komplexen Prozess, bei dem man unbedingt klein anfangen sollte. Schritt für Schritt baust du deinen Palast folgendermaßen auf:

Schritt 1: *Visualisierung des Raumes*

Zunächst stellst du dir den Raum vor, in dem du die Informationen ablegen möchtest. Das kann ein sehr minimalistisches Zimmer mit nur wenigen Einrichtungsgegenständen oder aber eine voll möblierte Küche sein. Versuche, den Raum bildlich vor deinem inneren Auge zu sehen. Wichtig ist, dass sich der Raum durch einige Details eindeutig von allen folgenden Räumen unterscheiden lässt.

Schritt 2: *Zuordnung des Themas*

Dann wird dem Raum ein Lernthema zugeordnet. Um ihn mit dem Thema in Verbindung zu bringen, kannst du dich gestalterisch austoben. Geht es zum Beispiel um die Verkehrsregeln, könntest du eine Ampel an die Tür des Raumes malen.

Schritt 3: *Ablegen der Information*

Nun wählst du den Ort im Raum, an dem du die Information ablegen möchtest. Weise der Information ganz bewusst einen bestimmten Platz, zum Beispiel die linke hintere Ecke neben der Stehlampe, zu.

Schritt 4: *Verknüpfen mit Bildern und Assoziationen*

Schließlich verinnerlichst du die Information und machst es dir leichter, sie dir zu merken, indem du Bilder oder Assoziationen verwendest. Wenn du beispielsweise das Wort Autositz abgelegt hast, könntest du dir ein sitzendes Auto vorstellen. Die Bilder müssen nicht realistisch sein. Tatsächlich hat sich gezeigt, dass wir uns leicht abstruse Eindrücke leichter merken können. In unserem Beispiel wäre im Raum nun ein sitzendes Auto in der linken hinteren Ecke zu finden.

Schritt 5: *Ablegen weiterer Informationen*

Um weitere Informationen im Raum abzulegen, stellst du dir zunächst den Raum im Ist-Zustand vor. Dazu gehört die bereits abgelegte Information, also das sitzende Auto an seinem zugewiesenen Platz. Dann wählst du einen Platz für die nächste Information und arbeitest wieder mit Bildern oder Assoziationen.

Wenn du die Informationen künftig abrufen möchtest, musst du nur den entsprechenden Raum betreten und dich umsehen. Es bietet sich an, für jedes Thema einen eigenen Raum zu erschaffen. So lassen sich die Themengebiete klar voneinander abgrenzen und du musst eine bestimmte Information nicht im ganzen Palast suchen, sondern weißt, in welchem Zimmer du nachsehen musst. Die Struktur aus Informationen festigt sich, je häufiger du dich im Gedankenpalast aufhältst und je öfter du die einzelnen Informationen abrufst.

Karteikarten

Jeder kennt sie und die meisten haben sie schon einmal selbst benutzt: Karteikarten. Die Kärtchen, die es in verschiedenen Größen und Farben zu kaufen gibt, unterstützen viele Schüler und Studenten beim täglichen Lernen. Dabei lassen sie sich vielfältig einsetzen.

Vokabeln

Klassischerweise werden die Kärtchen zum Lernen von Vokabeln genutzt. Auf der einen Seite steht das Wort in deutscher Sprache, auf der anderen Seite die Übersetzung. Damit eine besonders starke Verknüpfung gebildet werden kann, sollte man in beide Richtungen lernen. Sprich: Übersetze nicht nur von Deutsch zur Fremdsprache, sondern drehe den Spieß zwischendurch um und übersetze die Fremdsprache ins Deutsche.

Definitionen und Formeln

Daneben eignen sich Karteikarten auch wunderbar zum Aneignen von Definitionen und Formeln. Die Vorgehensweise bleibt dabei dieselbe. Im Falle von Definitionen wird also beispielsweise eine Seite der Kärt-

chen mit dem Begriff und die andere mit dessen Definition beschrieben.

Daten

Das Lernen von Jahreszahlen stellt für viele Menschen eine besonders große Herausforderung dar. Karteikarten können hier unterstützen und das Merken vereinfachen. Auch das funktioniert wie gehabt: Das Ereignis ziert die eine Kartenseite, das zugehörige Datum wird auf die andere Seite geschrieben.

"Spickzettel"

Größere Karteikarten, zum Beispiel im DIN A5-Format, eignen sich für die Spickzettel-Methode. Hierfür nutzt du die Karte, um dir einen "Spickzettel" zu schreiben. Keine Sorge, du wirst ihn nie verwenden - zumindest nicht während der Prüfung. Er dient nur zur Vorbereitung. Ein guter Spickzettel enthält die zentralen Inhalte der Thematik auf das absolut Wesentliche reduziert. Du schreibst also quasi eine Mini-Zusammenfassung. Verwende keine vollen Sätze, sondern arbeite vermehrt mit Stichpunkten und überlege, welche Informationen dir auf einem Spickzettel von Nutzen wären. Auf der anderen Seite der Karte notierst du das Thema. Zum Lernen nutzt du die Spickzettel nun folgendermaßen: Du legst die Karten mit dem Thema nach oben vor dich. Dann liest du das Thema und gibst den Lernstoff wieder, den du dir bereits aneignen konntest. Wenn du denkst, dass du alles gesagt hast, drehst du die Karte um und entdeckst möglicherweise einen Aspekt, den du noch nicht wiedergegeben hast. Du deckst den Spickzettel sofort wieder ab und kramst nun in deinem Gedächtnis nach Informationen zum vergessenen Stichpunkt. Je öfter du eine Karte so nutzt, desto weniger wirst du vergessen, sodass du den Spickzettel am Ende gar nicht mehr brauchst.

Karteikarten für Referate, Vorträge und Co.

Zu guter Letzt sind Karteikarten ein schier unverzichtbares Instrument, wenn es darum geht, ein Referat zu halten oder möglichst ohne "Ähms" und Blackout durch einen mündlichen Prüfungsvortrag zu kommen. Die Inhalte des Vortrags können wunderbar auf mehreren DIN A5-Karten festgehalten werden. Auch hier arbeitest du wieder mit Stichpunkten, an denen du dich orientieren kannst. Zusätzlich kannst du auch vermerken, wann du ein Bild zeigen oder, falls es sich um eine PowerPoint Präsentation handelt, die nächste Folie aufrufen musst.

Damit du künftig optimal mit Karteikarten lernen kannst, folgen an dieser Stelle einige grundlegende Tipps zu deren Nutzung:

Sinnvoll nach Themen gliedern

Damit alles schön übersichtlich bliebt, solltest du deine Karteikarten sinnvoll nach Themen gliedern. Schreibe alle Karteikarten eines Themas, bevor du zum nächsten übergehst, und nutze zum Beispiel einen Karteikasten, um die Stapel mit den einzelnen Themen voneinander getrennt aufbewahren zu können.

Verschiedene Farben nutzen

Eine gute Möglichkeit, die Karteikarten sofort thematisch voneinander unterscheiden zu können, ist die Verwendung verschiedenfarbiger Karten. Du kannst jedem übergeordneten Thema eine Farbe zuordnen und erkennst dann sofort, welcher Kartenstapel Informationen zu welchem Thema enthält. Beim Lernen von Vokabeln, Daten, Formeln und Co. kannst du rote, grüne und weiße Karteikarten verwenden. Ein Beispiel: Die Vokabeln, von denen du weißt, dass du sie längst beherrschst, schreibst du auf die grünen Kärtchen. Vokabeln, die du

eigentlich kennst, die dir aber manchmal einfach nicht mehr einfallen wollen, landen auf den weißen Kärtchen, und Vokabeln, die du noch gar nicht beherrschst und dir demnach erst noch aneignen musst, werden auf die roten Kärtchen geschrieben. So siehst du auf einen Blick, wie viel Arbeit noch vor dir liegt und was du schon geschafft hast. Parallel zu deinem Lernfortschritt, musst du die Karteikarten natürlich ändern. Je mehr rote Kärtchen langsam aber stetig zu weißen und dann zu grünen werden, desto weniger Lernstoff bleibt übrig.

Nicht überfüllen

Generell gilt: Eine Karteikarte darf nicht zu dicht beschrieben und mit Informationen überhäuft werden. Klar, verliert sie doch ansonsten ihre Übersichtlichkeit. Fertige lieber mehrere Karten an, um ein Thema abzudecken, als alle Infos auf einer Karte zusammen zu quetschen.

Wichtiges hervorheben

Besonders wichtige Informationen kannst du mit Textmarkern hervorheben. So findest du sie ganz einfach schneller.

Handschriftlich anfertigen

Viele Schüler und Studenten neigen dazu, den Inhalt von Karteikarten abzutippen, auszudrucken und auf die Karte zu kleben. Für den Lernfortschritt ist allerdings die handschriftliche Methode vorteilhafter. Denn schon während des Niederschreibens lernst du den Stoff.

Loci-Methode

Die, beim Gedankenpalast bereits kurz erwähnte, Loci-Methode gehört ebenfalls zu den Mnemotechniken und bedient sich Assoziationen. Der Name der Methode leitet sich aus dem lateinischen Wort "locus" ab, das mit "Ort" oder "Stelle" übersetzt werden kann. Es gibt Hinweise darauf, dass diese spezielle Lerntechnik schon vor 2.500 Jahren von den alten Griechen verwendet wurde und hier dazu diente, dass diese ihre Debatten und Vorträge vollkommen freisprechend durchlaufen konnten. Folgendermaßen funktioniert die Methode:

Schritt 1: *Auswahl des Ortes*

Zunächst musst du einen Ort auswählen, den du kennst und an dem du dich wenn möglich sogar öfter aufhältst. Das könnte zum Beispiel dein Wohnzimmer sein.

Schritt 2: *Festlegen der Routenpunkte*

Nun überlegst du dir, an welchen Punkten im Raum du Informationen ablegen möchtest und bestimmst die Reihenfolge der Punkte, sodass sie eine Route durch den Raum ergeben. Routenpunkte könnten beispielsweise der Fernseher, das Sofa, die Stehlampe, das Hundekörbchen oder ein Wandbild sein. Deine Route solltest du dir am besten aufzeichnen, für den Fall, dass sie dir entfällt. Steht die Route, kannst du zu Schritt drei übergehen.

Schritt 3: *Verknüpfen der Punkte mit den Informationen*

Im dritten Schritt schreitest du von Routenpunkt zu Routenpunkt und legst an jedem Punkt eine Information ab, die du dann direkt mit dem Punkt verknüpfst. Ist der Fernseher der Ausgangspunkt für deine Route, belegst du ihn im Geiste mit einer Information und stellst dir vor deinem inneren Auge diesen Fernseher vor. Dann gehst du zum nächsten Routenpunkt und wiederholst den Vorgang, verbildlichst dann aber natürlich zum Beispiel die Stehlampe vor deinem inneren Auge und legst eine andere Information ab. So verknüpfst du die Routenpunkte mit den Informationen und speicherst das jeweils zugehörige Bild ab.

Schritt 4: *Spaziergang entlang der Route*

Das führt dazu, dass du nicht jedes Mal dein Wohnzimmer aufsuchen musst, um die Informationen abzurufen. Du kannst die Route im Kopf durchlaufen und einen gemütlichen, mentalen Spaziergang durch dein gesammeltes Wissen unternehmen.

Damit die Loci-Methode möglichst gut funktionieren kann, müssen einige Aspekte beachtet werden:

- ✓ Routen sollten nur in einer Umgebung aufgebaut werden, die dir vertraut ist

- ✓ Jeder Routenpunkt muss sich von allen anderen Routenpunkten klar unterscheiden

- ✓ Die Reihenfolge, in der die Routenpunkte auf der Route auftreten, muss unmissverständlich klar sein

- ✓ Zwischen zwei Routenpunkten sollte eine gewisse Distanz bestehen. Liegen zwei Punkte zu nah beieinander, kann man sie leicht durcheinanderbringen und die Struktur der Route ist dahin.

Mindmapping

Mindmapping ist im herkömmlichen Sinne eigentlich hauptsächlich für das Brainstormen und das Ausarbeiten von Ideen gedacht. Man kann mit einer Mindmap aber durchaus auch lernen. Und so geht's:

Schritt 1: *Hauptthema notieren*

Nimm ein großes Blatt Papier und Stifte in unterschiedlichen Farben und unterschiedlicher Dicke zur Hand. Lege das Papier quer vor dich, wähle einen dicken Stift in einer auffälligen Farbe und schreibe das Hauptthema in Großbuchstaben in die Mitte des Papiers. Um es noch mehr hervorzuheben, kannst du es einkreisen.

Schritt 2: *Oberthemen anbringen*

Nun zeichnest du Linien, die strahlenförmig vom Hauptthema aus wegführen. An deren Ende notierst du die Oberthemen ebenfalls mit einem dicken Stift, aber in einer anderen Farbe. Anstatt sie zu umkreisen, zeichnest du Kästchen um sie herum.

Schritt 3: *Unterthemen anbringen*

Ausgehend von den Oberthemen führen feinere Linien zu deren Unterthemen. Für die Unterthemen verwendest du wieder eine andere Farbe und einen dünneren Stift.

Schritt 4: *Zentrale Begriffe zu den Unterthemen anbringen*

Nun überlegst du, was dir zu den einzelnen Unterthemen einfällt und zeichnest sehr dünne Linien, an deren Ende du stichpunktartig die zentralen Begriffe des Lernstoffs zum jeweiligen Unterthema notierst. Et voilà: du hast dich mit dem Lernstoff auseinandergesetzt, dir einen Überblick verschafft und weißt, welches Wissen du bereits abrufen kannst.

Möchtest du das Mindmapping dagegen nutzen, um an einem bestimmten Unterthema zu arbeiten, ist das ebenfalls ganz einfach möglich. In diesem Fall schreibst du das jeweilige Unterthema in die Mitte des Papiers und alles was dir dazu einfällt, stichpunktartig darum herum. Natürlich musst du nicht genau so vorgehen, wie in der Anleitung beschrieben. Das gilt vor allem für den gestalterischen Anteil am Mindmapping. Du kannst Farben und Formen ganz nach Belieben nutzen, um die einzelnen Ebenen der Mindmap erkennbar zu machen. Wichtig ist, dass auf den ersten Blick eine klare Hierarchie - beginnend beim Hauptthema und absteigend über die Ober- und Unterthemen bis hin zu den Stichpunkten - zu erkennen ist.

Podcasts

Online werden zahlreiche Podcasts zu den unterschiedlichsten Themen angeboten. Manche davon können kostenlos gehört werden, während für andere eine Gebühr bezahlt werden muss. Es gibt durchaus Podcasts, die für Schüler, Studenten und Lernende relevant sein können, da sie sich beispielsweise mit wirtschaftlichen, technischen oder medizinischen Themen befassen. Und auch für Menschen, die sich eine neue Sprache aneignen wollen, stellen Podcasts eine interessante Option dar. Das ein Podcast existiert, der genau die Thematik behandelt, die du beispielsweise in der Prüfungsvorbereitung benötigst, ist je nach Fachrichtung oft unwahrscheinlich. Dann bietet es sich an, einen eigenen Podcast aufzunehmen. Diesen musst du natürlich nicht ins Netz stellen. Du kreierst ihn nur für dich und zu Lernzwecken. Die folgenden Tipps versetzen dich in die Lage, einen eigenen "Podcast" aufnehmen zu können, der dich wirklich beim Lernen unterstützt:

Strukturiere die Inhalte

Einfach drauf los geht in der Regel nach hinten los. Deshalb ist es wichtig, dass du die Inhalte, die du aufnehmen möchtest, strukturierst. Überlegen dir, welchen Teil des Lernstoffs du in eine Audioaufnahme verpacken möchtest. Später kannst du natürlich zahlreiche weitere Aufnahmen machen, um mehr Lernstoff abzudecken.

Schreibe Karteikarten

Eine gestotterte Aufnahme mit vielen "Ähms" und keinem roten Faden wird dir nicht weiterhelfen. Schreibe also vorab Karteikarten, die dich durch die Inhalte führen, sodass du möglichst flüssig sprechen kannst. Das hat den Vorteil, dass du dir die Inhalte durch das Niederschreiben ganz nebenbei schon einmal angesehen hast.

Sprich in gemäßigtem Tempo

Sprich lieber etwas zu langsam als zu schnell. Schließlich willst du die Informationen beim Hören verarbeiten und dich nicht selbst überrennen.

Binde Beispiele ein

Wann immer möglich, solltest du Beispiele in deine Aufnahme einbauen. So wird der Lernstoff greifbarer und bleibt eher im Kopf.

Quizshow

Die Quizshow ist eine Lernmethode, die sich im Rahmen von Lerngruppen anbietet. Ihr müsst mindestens zu dritt sein, um die Technik anwenden zu können. Außerdem werden Karteikarten benötigt, die mit Fragen und Antworten beschriftet sind. Auf einer Seite jeder Karte steht die stoffbezogene Frage, auf der anderen die eine korrekte Antwort oder aber vier Multiple-Choice Antworten, von denen logischerweise eine korrekt - und auch als korrekt gekennzeichnet - sein muss. Eine Person wird zum Showmaster bestimmt und erhält die Karten. Der Showmaster sitzt den beiden Spielern gegenüber und hält die Karten so in der Hand, dass er selbst die Antworten lesen kann, die Spieler aber nur die Frage sehen, die sie einmal laut vorlesen. Im Multiple-Choice Fall trägt der Showmaster nun die vier Antwortmöglichkeiten vor, andernfalls behält er die eine korrekte Antwort natürlich für sich. Der Spieler, der die richtige Antwort als erster nennt, bekommt die Karte und es geht direkt mit der nächsten Frage weiter. Ist der Stapel leer, wird gezählt. Wer die meisten Karten ergattern konnte, hat die Quizshow gewonnen und darf nun bestimmen, wer als nächstes die Rolle des Showmasters einnehmen soll. Im Rahmen der Quizshow lernen übrigens nicht nur die Spieler, sondern auch der Showmaster erweitert sein Wissen. Schließlich liest und hört er die Antworten, sodass die Informationen keineswegs an ihm vorbeigehen.

Summary

Bei der Summary Methode geht es schlicht und einfach um Zusammenfassungen. Du nimmst dir, je nach Menge des Lernstoffs, ein Ober- oder Unterthema vor und fasst dessen Inhalte in deinen eigenen Worten und im Idealfall handschriftlich zusammen. Zunächst hast du dafür so viel Platz, wie du eben benötigst. Steht die erste Zusammenfassung, fasst du diese erneut zusammen und zwar auf maximal zwei Dritteln des vorhin benötigten Platzes. Ist auch die zweite Zusammenfassung geschrieben, verkleinert sich der zur Verfügung stehende Platz nochmals um die Hälfte und die dritte Zusammenfassung kann in Angriff genommen werden. Auf diese Weise bist du mindestens dreimalig durch den Stoff gegangen, hast das Wichtigste niedergeschrieben und immer weiter reduziert. Zu diesem Zeitpunkt solltest du dir den Großteil der Informationen bereits angeeignet haben. Ist das nicht der Fall, liest du dir deine Zusammenfassungen - ausgehend von der dritten und endend bei der ersten - nochmals aufmerksam durch und checkst, an welchen Stellen noch Wissenslücken bestehen. Diese Wissenslücken kannst du dann beispielsweise unter Zuhilfenahme von Karteikarten schließen.

Sicherlich ist nicht jede dieser Lernmethoden optimal für dich geeignet. Damit du Techniken findest, die zu dir passen und mit denen du effizient arbeiten kannst, solltest du möglichst viele ausprobieren und erst danach entscheiden, ob du sie weiterhin nutzen möchtest oder eben nicht. So findest du auf lange Sicht zu einer übersichtlichen "Sammlung" an Methoden, die du immer wieder in deine Lerneinheiten einbauen kannst.

Kapitel 6: Richtig Lesen und Mitschreiben

 Das Lesen ist eine sehr grundlegende Tätigkeit, um die man kaum herumkommt, wenn man sich Lernstoff aneignen möchte. Wer noch zur Schule geht, studiert hat oder sich gerade mitten im Studium befindet, weiß, wie viel Zeit Studenten mit dem Lesen von mehr oder weniger interessanten, aber meist sehr anspruchsvollen Texten verbringen. Im Durchschnitt gewinnt jeder Mensch rund 85 % seines gesamten Wissens durch das Lesen - Grund genug, sich einmal mit dem richtigen Lesen auseinanderzusetzen. Das korrekte Mitschreiben in Schule und Uni ist hingegen die Grundvoraussetzung dafür, dass man später verständliche und sinnvoll strukturierte Unterlagen zum Lernen besitzt. Am Ende dieses Kapitels angelangt, wirst du unter anderem verschiedene Lesetechniken kennen und wissen, wie sinnvolles Mitschreiben funktioniert.

Lesetechniken - richtig lesen, mehr verstehen

Einige der Lesetechniken, die nun vorgestellt werden, hast du dir vermutlich bereits ganz von selbst angeeignet, andere sind dir möglicherweise fremd. Wenn du eine kleine Auswahl an Lesetechniken beherrschst, profitierst du davon, indem du je nach Aufgabenstellung und Ziel des Lesens eine passende Technik aus deinem Repertoire anwenden kannst.

Überfliegendes Lesen/Scannen

Das überfliegende Lesen dient dazu, einen Überblick über den Text und dessen Umfang zu gewinnen. Ganz einfach damit man weiß, was auf einen zukommt. Bilder und Grafiken im Text bannen den Blick meist etwas länger als das geschriebene Wort, und auch die Überschriften werden beim überfliegenden Lesen etwas intensiver begutachtet. Wer im Scannen, wie das überfliegende Lesen auch genannt wird, sehr geübt ist, schafft es dabei vielleicht sogar, schon einige Kernaussagen des Textes zu erfassen.

Intensives Lesen

Beim intensiven Lesen wird der Text Wort für Wort gelesen. Keine Passage wird übersprungen und Worte, die man nicht kennt und deren Bedeutung sich auch nicht aus dem Kontext erschließt, werden nachgeschlagen. Das intensive Lesen fordert Konzentration und braucht Zeit. Es eignet sich eher für kurze Texte, da die Aufnahmefähigkeit des Gehirns begrenzt ist. Liest man hunderte von Seiten auf die intensive Weise, bleibt irgendwann nichts mehr von den Informationen im Gehirn hängen. Das ist dann der Moment, in dem einem auffällt, dass man zehn weitere Seiten gelesen hat, aber keine Ahnung hat, was darauf stand - kommt dir vielleicht bekannt vor, oder?

Gezieltes/Selektives Lesen

Gezielt oder selektiv zu lesen bedeutet, sich nur den im Augenblick relevanten Passagen eines Textes zu widmen. Man scannt den gesamten Text ab, findet dadurch die relevante Stelle und liest diese dann intensiv. Du siehst: Das selektive Lesen ist eine Mischung aus überfliegendem und intensivem Lesen.

Aktives Lesen

Beim aktiven Lesen arbeitet man als Lesender aktiv mit. Man markiert wichtige Textpassagen, schreibt sich vielleicht sogar einzelne Stichworte auf, kann das Nachschlagen unbekannter Wörter aber getrost nach hinten verschieben. Beim aktiven Lesen liest man zwar auch den ganzen Text und überfliegt nichts, konzentriert sich aber vorerst eher auf das, was man versteht und als wichtig einstuft. Mit dem aktiven Lesen leistet man wunderbare Vorarbeit und hat es im Anschluss leichter, den Text noch einmal intensiv zu lesen.

Speed Reading

Speed Reading ist unter Studenten gleichermaßen berühmt und berüchtigt. Manche schwören darauf, andere tun es als absoluten Schwachsinn ab. Beobachtungen haben gezeigt, dass der Mensch mehr Informationen aus einem Text behält, wenn er ihn in zehn Minuten zweimal schnell durchliest, als wenn er sich Zeit nimmt und ihn im selben Zeitrahmen nur einmal liest. Beim Speed Reading geht es darum, 300 bis 400 Wörter pro Minute zu lesen. So bleibt Zeit, Texte zwei- oder auch dreimal zu lesen, mit dem idealen Ergebnis, dass das Maximum an Informationen im Gehirn landet. Würdest du nun ungeübt versuchen, so schnell zu lesen, würdest du vermutlich scheitern. Deshalb muss man sich auf das Speed Reading vorbereiten. Die folgenden beiden Übungen helfen dir dabei, deine Lesegeschwindigkeit zu erhöhen:

Übung zum Erweitern der Blickspannweite

Du kannst schneller lesen, wenn dein Blick längere oder eben mehr Wörter auf einmal erfasst. Deshalb ergibt es Sinn, zunächst die Blickspannweite zu erhöhen. Die zugehörige Übung ist ganz einfach. Du reihst Wörter untereinander auf, die immer länger werden. Dann verwendest du beispielsweise eine Karteikarte, um alle Zeilen abzudecken. Du deckst die erste Zeile für den Bruchteil einer Sekunde auf und deckst sie sofort wieder ab. In dem kurzen Zeitraum, in dem das Wort offen vor dir steht, versuchst du, es zu lesen. Hat es geklappt, deckst du die zweite Zeile auf und gehst auf die gleiche Weise vor. Sobald du nicht mehr in der Lage bist, das Wort zu erkennen, bist du in puncto Blickspannweite an deine Grenzen geraten. Wenn du regelmäßig übst, wird es dir aber binnen weniger Wochen gelingen, alle Worte in dem kurzen Moment, in dem du sie sehen kannst, zu erfassen. Selbstverständlich kannst du deinen eigenen Wörterturm anlegen. Du kannst aber auch einfach diesen nutzen:

Ja

Bus

Bahn

Äpfel

Finger

Badesee

Brötchen

Flughafen

Luftballon

Straßenbahn

Sonnenschirm

Atomkraftwerk

Oberherrschaft

Meerschweinchen

Programmvorschau

Anwendungsgebiete

Weinflaschenregale

Annahmeverweigerung

Dachterrassenwohnung

Übung für das flüssige Vorwärtslesen

Wenn wir mit unseren Augen an einem Wort verweilen oder gar zurückschweifen, kostet das Zeit. Für das Speed Reading ist es daher essentiell wichtig, dass flüssig vorwärtsgelesen wird. Es gibt eine simple Übung, mit der du lernst, weniger Augenstopps pro gelesener Zeile zu machen. Nimm dir einen Text vor und teile ihn senkrecht in gleich breite Drittel. Das tust du, indem du zwei Linien zeichnest. Nun liest du den Text und fokussierst dabei immer die Mitte einer Spalte.

Du springst mit deinem optischen Fokus von Mitte Spalte 1, zu Mitte Spalte 2 und schließlich zu Mitte Spalte 3. Du gehst mit deinem Fokus niemals zurück, sondern immer nur vorwärts. Dank deiner verbesserten Blickspannweite genügen diese Fixpunkte, um die komplette Zeile lesen zu können. Wenn das problemlos klappt, reduzierst du die Spalten. Jetzt zeichnest du nur noch eine senkrechte Linie in der Mitte des Textes und springst direkt von Mitte Spalte 1 zu Mitte Spalte 2. Wenn du diese Übung regelmäßig durchführst, gehören überflüssige Augenstopps der Vergangenheit an und du kannst deutlich schneller Lesen.

Du hast beide Übungen über einen Zeitraum von mindestens drei Wochen täglich durchgeführt? Dann bist du jetzt vermutlich ein Speed Reader und hast deine Lesegeschwindigkeit um etwa die Hälfte gesteigert. Dennoch kann es nicht schaden, weiter zu üben, um nochmal ein Plus an Lesegeschwindigkeit verzeichnen zu können.

SQR3 Technik

Die wohl bekannteste Lesetechnik überhaupt ist die SQR3 Technik, die 1961 von dem US-amerikanischen Pädagogen Francis Robinson entwickelt wurde. SQR3 steht für:

- **S**urvey, also Überblick

- **Q**uestion, also Frage

- **R**ead, also Lesen

- **R**ecite, also Wiedergeben

- **R**eview, also Rekapitulieren

Schon am Namen lässt sich erkennen, dass die Technik in fünf Schritten aufgebaut ist. Damit du die Technik selbst anwenden kannst, gehen wir nun detailliert durch die fünf Schritte:

Schritt 1: *Überblick verschaffen*

Im ersten Schritt gilt es, sich einen Überblick zu verschaffen und sich zu orientieren. Blättere durch den Text, halte nach Vor- und Nachworten Ausschau, lese das Inhaltsverzeichnis und sieh dir an, wie umfangreich der Text ist. Widme dich hervorgehobenen Stellen, beispielsweise farbig unterlegten oder fett geschriebenen Passagen, und überfliege Grafiken. So bekommst du einen ersten Eindruck und weißt in etwa, was auf dich zukommt.

Schritt 2: *Fragen stellen*

Die SQR3 Technik legt von Anfang an Wert darauf, die passive Rolle als Leser zu verlassen und aktiv zu werden. Deshalb sollst du als nächstes Fragen an den Text stellen. Das mag zunächst seltsam klingen, führt aber dazu, dass deine Neugier geweckt wird und sich die folgende Textarbeit zielgerichteter gestalten lässt. Blättere nochmals durch den Text, lese die Überschriften und schreibe die Fragen auf, die dir dabei in den Sinn kommen. Ganz klassische Fragen sind beispielsweise:

- Welche Kernaussagen enthält der Text?

- Was beabsichtigt der Autor?

- Was bedeutet [X]?

- Wo liegt der Zusammenhang zwischen [X] und [Y]?

- Welche wichtigen Definitionen enthält der Text?

- Was kann ich aus diesem Text lernen?

- Wird mir der Text [Thema A] verständlich erklären?

Wenn du dich schon mit der Thematik, zumindest in ihren Grundzügen, auskennst, kannst du natürlich deutlich spezifischere Fragen stellen. Sei ruhig ein bisschen kreativ und stelle Fragen, deren Antworten dich wirklich interessieren. Im Idealfall notierst du dir deine Fragen, um später nachschlagen zu können, welche durch die Bearbeitung des Texts beantwortet wurden.

Schritt 3: *Lesen*

Dann geht es ans Lesen des Textes. Wie genau du liest, hängt von deinen Zielen ab. Willst du den Text in seiner Gesamtheit verstehen, musst du intensiv lesen. Interessierst du dich dagegen nur für bestimmte Informationen, liest du selektiv. Generell bietet sich ein aktives Lesen an. Markiere also Abschnitte, die dir wichtig sind, und mache Notizen, wann immer es dir hilfreich erscheint. Behalte beim Lesen deine Fragen im Hinterkopf und bemühe dich, Antworten auf sie zu finden. Überprüfe zwischendurch immer wieder, ob du das gerade Gelesene wirklich verstanden hast. Ist das nicht der Fall, liest du die Textpassage erneut. Aufkommende Frage sowie die elementaren Kernaussagen solltest du dir am Textrand notieren.

Schritt 4: *Lernerfolg kontrollieren*

Nun ist es an der Zeit, zu überprüfen, was du gelernt hast. Überfliege die Fragen und Kernaussagen, die du am Textrand aufgeschrieben hast, und versuche, Antworten auf die Fragen zu finden. Formuliere die Kernaussagen und deren erweiterte Bedeutung in eigenen Worten. Du kannst sie entweder laut aussprechen oder schriftlich festhalten. Überlege, welche Teile des Textes wirklich wichtig sind und welche dagegen vernachlässigt werden können. Reflektiere das eben Gelesene und finde heraus, an welchen Stellen sich noch Wissenslücken oder Unklarheiten befinden.

Schritt 5: *Wiederholen*

Gehe den gesamten Text nochmals im Geiste durch und überprüfe, welche Informationen bei dir hängengeblieben sind. Gebe laut wieder, was du gelernt hast. Im besten Fall sprichst du dabei nicht mit dir selbst, sondern mit einem Lernpartner oder Freund. Dabei fällt dir automatisch auf, an welchen Stellen du die Aussagen noch nicht zu 100 % verstanden hast. Anschließend beginnst du erneut bei Schritt 2. Du formuliert neue Fragen auf der Basis deines jetzigen Wissensstandes, liest den Text erneut aufmerksam durch und kontrollierst deinen Lernerfolg. Nach der Wiederholung dürften die Informationen, die von dir als wichtig eingestuft wurden, den Weg in dein Gehirn gefunden haben. Je nachdem, wie lange die anstehende Prüfung oder Klausur noch entfernt ist, solltest du dein Wissen täglich abrufen, um es nicht zu verlieren.

Häufige Probleme und Fehler beim Lesen

Beim Lesen kommt es natürlich immer wieder zu Problemen, die uns selbst vielleicht nicht einmal bewusst sind. Wir machen Fehler und wundern uns dann, warum der Lernfortschritt zu wünschen übrig lässt. Deshalb widmen wir uns nun besonders häufig auftretenden Schwierigkeiten und Fehlern beim Lesen und sehen uns an, wie sich diese vermeiden lassen.

Zu lange intensiv lesen

Das intensive Lesen verlangt höchste Konzentration und ist für unser Gehirn extrem anstrengend. Daher ist es ungünstig, stundenlang auf diese Weise zu lesen. Die Konzentration lässt zwangsläufig nach und wir lesen zwar mit den Augen, verstehen aber nur Bahnhof. Die Informationen können unser Gehirn schlicht und ergreifend nicht mehr erreichen. Um dies zu vermeiden, solltest du intensive Leseeinheiten immer durch weniger anspruchsvolle Tätigkeiten trennen. Du könntest dir zum Beispiel einige Grafiken ansehen, ein themenrelevantes Hörbuch hören oder dich mit Karteikarten abfragen. Gönne deinen Augen und deinem Gehirn hin und wieder Pausen vom intensiven Lesen, sodass du zu den Leseeinheiten wieder wirklich aufnahmefähig bist.

Zu hohe Erwartungen

Folgendes Szenario könnte dir bekannt vorkommen: Du liest einen Text und bist im Anschluss enttäuscht darüber, dass du dir nur einen Bruchteil der Informationen merken konntest. In diesem Fall stellst du deutlich zu hohe Erwartungen an dich selbst. Probiere Lesetechniken, zum Beispiel die SQR3 Technik, aus. Du wirst schnell feststellen, dass es mit dem einmaligen Lesen nicht getan ist - und dass das ganz normal ist.

Unverständliches zu oft lesen

Albert Einstein formulierte den genialen Satz "Die Definition von Wahnsinn ist, immer wieder das Gleiche zu tun und andere Ergebnisse zu erwarten." Wenn du eine Textpassage wiederholt gelesen hast, sie aber immer noch nicht verstehst, nützt es nichts, sie immer und immer wieder zu lesen. Du wirst sie vermutlich auch nach der fünfzehnten Wiederholung nicht verstehen. Dann ist es an der Zeit, auf andere Informationsmittel umzusteigen, die dir die Thematik möglicherweise verständlicher nahebringen können. An dieser Stelle ist Google dein Freund. Das Internet hält oft "Erklärungen für Dummies" bereit, die dir dabei helfen können, dem Verständnis des Textes Schritt für Schritt näherzukommen. Alternativ kannst du dir den Inhalt natürlich auch von einem Kommilitonen oder Mitschüler erklären lassen.

Auswendig lernen statt verstehen

Wer versucht, einen Text durch das wiederholte Lesen auswendig zu lernen, anstatt ihn wirklich zu verstehen, tut sich in aller Regel keinen Gefallen. Ganz im Gegenteil: Letztendlich ist das Verstehen mit weniger Aufwand verbunden und natürlich bei weitem nachhaltiger als das bloße Auswendiglernen. Wer einen Text verstanden hat, kann die enthaltenen Informationen in eigenen Worten wiedergeben. Wer ihn auswendig lernt, weiß nicht mehr weiter, sobald ihm das ein oder andere Wort nicht mehr einfallen will. Dein Ziel sollte beim Lesen also immer das Verstehen der Inhalte sein.

Schwere Texte lesen

Zugegeben: Es gibt Texte, die wirklich schwer zu lesen und noch schwerer zu verstehen sind. Für gewöhnlich handelt es sich dabei um wissenschaftliche Werke, die mit Fremdworten und Fachbegriffen vollgestopft und verschachtelt formuliert sind. Dann hilft es, den Text in kleine Abschnitte zu zerteilen. Je nach Schweregrad, sollten die Abschnitte minimal drei Zeilen und maximal eine volle Seite beinhalten. Markiere die einzelnen Abschnitte zum Beispiel mit Klebestreifen und nimm dir den ersten Abschnitt vor. Lese ihn intensiv und schreibe aufkommende Fragen, genau wie bei der SQR3 Technik, direkt an den Rand. Kommen keine Fragen auf und du hast das Gefühl, das Gelesene verstanden zu haben, gibst du den Inhalt in deinen eigenen Worten wieder und fährst mit dem nächsten Abschnitt fort. Bestehen allerdings Fragen und mangelt es an Verständnis, arbeitest du den Abschnitt nochmals durch, dieses Mal aktiv. Markiere, was dir wichtig erscheint, und mache stichpunktartige Notizen. Es besteht die Möglichkeit, dass Fragen, die sich dir beim Lesen des ersten Abschnitts stellen, in den kommenden Abschnitten beantwortet werden. Behalte die Fragen im Hinterkopf, sei dir aber bewusst, dass es nicht tragisch ist, zum nächsten Abschnitt überzugehen, ohne alle Antworten zu kennen. So arbeitest du dich Schritt für Schritt durch den Text. Am Ende angekommen, springst du zur ersten Seite zurück und siehst nach, ob du die offen gebliebenen Fragen nun beantworten kannst. Ist das nicht der Fall, solltest du keinesfalls krampfhaft weiterlesen, sondern zunächst einmal eine ausgiebige Pause machen. Danach setzt du dich mit freierem Kopf an den Schreibtisch zurück und überlegst, welche deiner Fragen wirklich relevant sind. Erinnere dich an Einstein: Es würde wahrscheinlich wenig nutzen, den Abschnitt nochmals zu lesen. Stattdessen solltest du dich nach Texten und Videos umsehen, die dir hier weiterhelfen können, oder wieder einen Kommilitonen bzw. Mitschüler zurate ziehen.

7 Tipps: Sinnvoll mitschreiben

Wer im Hörsaal oder im Klassenzimmer korrekt mitschreibt, erstellt Materialien, mit denen es sich später wunderbar unkompliziert lernen lässt. Doch das ist leichter gesagt als getan. Deshalb findest du nachfolgend sieben Tipps zum sinnvollen Mitschreiben:

#1: Die richtige Einstellung

Vorlesungen und langweilige Schulstunden können hart sein. Vor allem dann, wenn sie um acht Uhr morgens stattfinden. Um produktiv mitschreiben zu können, musst du aber mit der richtigen Einstellung an die Sache herangehen - und die ist zwingend positiv. Versuche dich an die Gründe zu erinnern, aus denen du dein Studium begonnen hast oder weshalb du deinen Abschluss haben willst, ins Gedächtnis. Schnapp dir eine Tasse Kaffee und motiviere dich damit, dass Lernen nie vergebens ist - vor allem nicht im Rahmen eines Studiengangs oder des Abiturs.

#2: Vorbereiten

Oft stellen Dozenten und Lehrer den Studenten und Schülern schon einige Tage vorher Materialien zur Sichtung zur Verfügung. Wenn du dir diese ansiehst, gehst du gut vorbereitet in den Hörsaal bzw. die Schule und es fällt dir leichter, dem Dozenten zu folgen. Schließlich ist während des Unterrichts Multitasking gefragt. Je mehr du also

bereits über die Thematik weißt, desto mehr kannst du dich aufs Mitschreiben konzentrieren.

#3: Zuhören

Die Voraussetzung dafür, dass du relevante Inhalte aufschreiben kannst, ist das aufmerksame Zuhören. Tuschle nicht mit deinem Sitznachbarn und stelle dein Handy auf lautlos, sodass deine Aufmerksamkeit ganz bei dem sein kann, was der Dozent zu sagen hat.

#4: Relevantes erkennen

Du kannst unmöglich jedes einzelne Wort mitschreiben. Daher gilt es, Relevantes von Irrelevantem zu unterscheiden und lediglich das Relevante aufzuschreiben. Wer sich in unwichtigen Kleinigkeiten verliert, verpasst womöglich die wirklich wichtigen Aussagen.

#5: Strukturiert mitschreiben

Gewöhne dir an, in einer speziellen Struktur mitzuschreiben. Unterteile dein Blatt zum Beispiel in drei - beziehungsweise vier - Bereiche. Ein länglicher Block am oberen Ende ist für die Überschrift und das Datum vorgesehen. Darunter teilst du den verbleibenden Platz senkrecht in zwei Hälften. Links schreibst du mit, rechts notierst du deine Fragen. Auf den vierten Bereich gehen wir im Rahmen des siebten Tipps genauer ein.

#6: Handschriftlich mitschreiben

Auch wenn das Mittippen am Laptop einfacher erscheint, zahlt sich das handschriftliche Mitschreiben aus. Wenn du die Informationen per Hand aufschreibst, speicherst du sie tiefer ab, als wenn du sie abtippst. Außerdem fällt es dir so leichter, Schaubilder und Grafiken schnell in deine Mitschrift einzubauen.

#7 : N a c h a r b e i t e n

Das Lernen endet nicht mit der Vorlesung oder dem Schulschluss. Die Rückseite deines Blattes ist als vierter Bereich dafür gedacht, den gelernten Stoff nachzubearbeiten. Fasse die Inhalte zusammen und markiere auf der Vorderseite des Blatts die Fragen, die im Laufe des Unterrichts nicht beantwortet wurden und die du demnach an Kommilitonen, Mitschülern, Lehrern oder Dozenten richten solltest.

Das Wichtigste in Kürze

✓ Je nachdem, welche Ziele man verfolgt, bieten sich verschiedene Lesetechniken an. Die klassischen Lesetechniken sind das Scannen, das intensive Lesen, das selektive Lesen und das aktive Lesen.

✓ Darüber hinaus können auch die etwas spezielleren Lesetechniken - Speed Reading und SQR3 - wertvolle Instrumente sein, wenn sie sinnvoll eingesetzt werden.

✓ Beim Lesen schwerer Texte kann es helfen, den Text in kleine Abschnitte zu unterteilen, die dann einzeln nacheinander gelesen, bearbeitet und verstanden werden.

✓ Möchte man sinnvoll mitschreiben, muss man einiges beachten. Dazu gehören eine angemessene Vorbereitung, eine feste Struktur und eine gewissenhafte Nacharbeit.

Kapitel 7: Das Geheimnis des Flows

Hast du schon einmal vom sogenannten Flow gehört? Er wird von Musikern, Sportlern, Wissenschaftlern und großen Denkern genutzt, um bessere Leistungen erzielen zu können. Dieses Kapitel verrät dir nicht nur, was der Flow überhaupt ist, sondern zeigt dir auch, welche Möglichkeiten es gibt, ganz gezielt in den Flow zu geraten.

Der Flow - wenn Zeit und Raum verschwimmen

Der Flow ist ein spezieller Zustand, für den bestimmte Merkmale kennzeichnend sind. Menschen beschreiben den Flow als Gefühl der Leichtigkeit. Man ist vollkommen bei sich und der Tätigkeit, die man gerade ausführt, alles scheint fast von selbst wie am Schnürchen zu laufen, die Motivation ist anhaltend groß und man kann sich wunderbar konzentrieren. Klingt zu schön, um wahr zu sein? Das ist es aber. Der kroatische Wissenschaftler und ehemalige Professor für Psychologie Mihály Csíkszentmihályi bietet sich nicht nur optimal an, um deine Fähigkeiten im Lernen von Namen zu überprüfen, sondern hat maßgeblich an der Erforschung des Flows mitgewirkt. Er hat es sich in den 70er Jahren zum Ziel gemacht, herauszufinden, wann wir Menschen in unserem ganz alltäglichen Leben besonders glücklich sind - und was für dieses Glück verantwortlich ist. Er befragte unterschiedliche Menschen, vermehrt aus den Bereichen Medizin sowie Extrem- und Leistungssport, und machte dabei eine interessante Beobachtung: Viele der Befragten berichteten von ein und demselben Zustand. Sie beschreiben einen Zustand der völligen Hingabe für die gerade ausgeführte Tätigkeit - das, was wir heute Flow nennen.

Optimal Lernen im Flow

Csíkszentmihályi übertrug seine Erkenntnisse unter anderem auch auf das Lernen und erforschte den Einfluss dieses Zustandes auf die Lernergebnisse. Mit großem Erfolg. Es zeigte sich, dass das Gehirn im

Flow deutlich aufnahmefähiger ist, Informationen tiefer abgespeichert werden, die Konzentration ein ganz neues Level erreicht und die zunehmende Motivation dafür sorgt, dass das Lernen sogar Spaß macht. Das lässt sich wissenschaftlich belegen: Beim Lernen im Flow befinden sich das limbische System und das kortikale System exakt im Gleichgewicht. Dadurch werden bestimmte Hormone ausgeschüttet, die den Auf- und Ausbau von Nervenverbindungen fördern. Da Lernen, wie dir bekannt ist, aus neurologischer Sicht genau auf diese Neuschaffung und Festigung von neuronalen Verbindungen zurückzuführen ist, kann der Flow als Booster für den Lerneffekt bezeichnet werden.

Wann tritt der Flow ein?

Wenn der Flow nicht nur unter ganz bestimmten Bedingungen zu erreichen wäre, würden wir alle nur noch im Flow lernen. Das wissen wir über den Eintritt des Flows:

- ✓ Der Flow tritt nicht ein, wenn du gestresst bist, dich überfordert fühlst oder der Aufgabe nicht gewachsen bist.

- ✓ Der Flow ist nicht zu erreichen, wenn du unterfordert oder gar gelangweilt bist.

- ✓ Der Flow tritt genau dann ein, wenn deine Fähigkeiten und der Herausforderungsgrad der ausgeführten Tätigkeit übereinstimmen.

So erreichst du den Flow gezielt

Du darfst also weder über- noch unterfordert sein, um den gewünschten Zustand erreichen zu können. Nun ist es leider so, dass einen nicht jedes Lernthema vom Hocker haut. Manches ist einfach trocken und anderes übersteigt die eigenen Fähigkeiten von vornherein. In beiden Fällen kannst du etwas dafür tun, dass die Wahrscheinlichkeit eines Flows wachsen lässt. So kannst du vorgehen:

Bei Langeweile und Unterforderung

Nehmen wir an, deine Aufgabe besteht darin, einen Text zu lesen, der dich weder interessiert, noch anspruchsvoll genug ist, um deinen Fähigkeiten gerecht zu werden. Damit der Flow eine Chance hat, musst du dafür sorgen, dass diese Aufgabe spannender und anspruchsvoller wird. An dieser Stelle ist Kreativität gefragt. In unserem Beispiel könntest du dir freiwillig ein knappes Zeitlimit zum Lesen des Textes vorgeben. So bekommt die Aufgabe zum einen einen gewissen Wettbewerbscharakter, was sie per se spannender macht, zum anderen musst du aber auch schneller Lesen. Genügt das noch nicht, könntest du beispielsweise von dir verlangen, zusätzlich sämtliche Kernaussagen des Textes zu markieren und herauszufinden, mit welcher Absicht der Autor den Text geschrieben hat. Je nachdem, welche Aufgabe tatsächlich vor dir liegt, kannst du jeweils passende zusätzliche "Auflagen" einsetzen, um die Herausforderung, die die Aufgabe darstellt, zu vergrößern und sie näher an den Punkt zu bringen, an dem sie mit deinen Fähigkeiten im Einklang steht.

Bei Überforderung und Stress

Umgekehrt wird es oft etwas schwieriger. Wenn du dich von einer Aufgabe überfordert fühlst, weil der Grad ihrer Herausforderung dein Fähigkeitslevel übersteigt, bist du sofort im Stress. Unter Stress fällt das Lernen allgemein schon schwer und den Flow kannst du dir unter diesen Umständen direkt abschminken. Im ersten Schritt musst du es also schaffen, aus dem Stress zu kommen. Hier können Entspannungsübungen, zum Beispiel bestimmte Atemtechniken oder eine kurze Runde progressive Muskelentspannung, helfen. Sobald dein Stresspegel abgeklungen ist, gilt es, die Aufgabe so zu gestalten, dass du sie mit deinen Fähigkeiten lösen kannst. Oft klappt das ganz einfach, indem man sie in mehrere kleine Einzelschritte zerlegt. Jeder

Einzelschritt darf ruhig noch anspruchsvoll sein, sollte deine Fähigkeiten aber nicht mehr überschreiten.

Fakt ist, dass sich der Flow schlicht und ergreifend nicht immer erreichen lässt. Manche todlangweiligen Aufgaben lassen sich nicht genug aufpeppen und manche überfordernden Aufgabenstellungen sind auch in kleinste Häppchen unterteilt noch Überforderung pur. In vielen Fällen ist es aber durchaus möglich, die Voraussetzungen für den Flow zu schaffen. Damit er tatsächlich eintritt, muss jedoch noch mehr stimmen, als nur das Verhältnis zwischen Herausforderung und Fähigkeiten. Folgende Faktoren beeinflussen den Flow zusätzlich:

✓ Ablenkung

Bist du ständig abgelenkt und konzentrierst dich nicht voll auf deine Aufgabe, kannst du den Flow nicht erreichen. Ein bereits bestehender Flow kann umgekehrt auch von starken Ablenkungen durchbrochen und beendet werden.

✓ Demotivation

Wenn deine Motivation wirklich gleich null ist und du völlig demotiviert an die Aufgabe herangehst, wird es höchstwahrscheinlich auch nicht zum Flow kommen.

✓ Ernährung

Es wird vermutet, dass sich auch die Nahrungsaufnahme auf den Flow auswirkt. Eine Nahrungsaufnahme, die viel einfachen Zucker beinhaltet, lässt den Blutzuckerspiegel in die Höhe schnellen und genauso schnell wieder absinken. Wissenschaftlich belegt ist, dass die Gehirnleistung um bis zu 20 % sinkt, wenn starke Blutzuckerschwankungen vorliegen. Übrigens werden auch Kohlenhydrate im Körper zu Zucker verstoffwechselt. Du solltest deine Ernährung also gut planen und bestenfalls kleine Mahlzeiten mit niedrigem Zuckergehalt zu dir nehmen.

✓ Tageszeit

In Kapitel 2 hast du gelernt, dass jeder Mensch einen individuellen Biorhythmus besitzt. Die Chancen, es in den Zustand des Flows zu schaffen, liegen höher, wenn du es während deiner leistungsstarken Stunden versuchst.

Warum der Flow süchtig machen kann

Im Flow werden vermehrt Dopamine, also Glückshormone ausgeschüttet. Diese Tatsache machen sich zum Beispiel Hersteller von Videospielen zunutze. So konzeptionieren sie Games ganz gezielt so, dass Spieler leicht in den Flow finden und folglich immer wieder spielen wollen. Nicht unbedingt, weil das Spiel an sich so unglaublich fesselnd ist, sondern weil sie sich unbewusst nach Dopaminen sehnen. Theoretisch könntest du also eine Lernsucht entwickeln, wenn es dir beim Lernen vermehrt gelingt, den Flow-Zustand zu erreichen. Belegte Fälle aus der Realität liegen dazu aber keine vor - und es gibt mit Sicherheit kaum sinnvollere Süchte, als die nach dem Lernen.

Das Wichtigste in Kürze

- ✓ Der Flow ist ein Zustand, in dem das Zeitgefühl vollkommen aussetzt und man sich einer Tätigkeit zu 100 % hingibt. In diesem Zustand lernt man schneller und nachhaltiger und hat dabei möglicherweise sogar Spaß.

- ✓ Der Flow kann nur dann eintreten, wenn weder eine Über- noch eine Unterforderung vorliegt. Die Herausforderung der Aufgabe und die Fähigkeiten der daran arbeitenden Person müssen gleich stark ausgeprägt sein.

- ✓ Indem man unterfordernde Aufgaben schwerer und überfordernde leichter macht, kann man die Chancen auf den Flow erhöhen. Der Zustand wird jedoch zusätzlich von weiteren Faktoren, wie der Tageszeit und der Ernährung, beeinflusst.

✓ Da im Flow Glückshormone ausgeschüttet werden, kann der spezielle Zustand potenziell süchtig machen.

Kapitel 8: So meisterst du Prüfungen mühelos und stressfrei

Prüfungen gehören definitiv nicht zu den Dingen, die Menschen im Allgemeinen viel Freude bereiten. Für die einen sind sie ein notwendiges Übel, bei den anderen lösen sie nackte Panik aus. Bestanden werden müssen sie trotzdem. Dieses Kapitel stattet dich mit nützlichen Hinweisen und Infos rund um die Prüfungsvorbereitung aus. Und keine Sorge: Solltest du zu den Menschen mit Prüfungsangst gehören, sind auch für dich ein paar praktische Tipps dabei.

Prüfungsvorbereitung und Checkliste

Ohne die richtige Vorbereitung geht gar nichts. Diese bezieht sich nicht ausschließlich auf das Lernen. Da du die meisten Aspekte, die zu einer gelungenen Prüfungsvorbereitung gehören, bereits kennst, werden sie an dieser Stelle lediglich noch einmal kurz aufgelistet:

▸ Frühzeitig mit dem Lernen beginnen

▸ Prüfungsumfang in Erfahrung bringen und Materialien zusammentragen

▸ Lernplan erstellen

▸ Pausen einhalten

▸ Lernfortschritt festhalten

▸ Abends wiederholen

Wenn du dementsprechend vorgehst, sollte dein Gehirn am Prüfungstag mit dem nötigen Wissen gefüllt sein und du musst dir eigentlich keine Sorgen machen. Doch zur Vorbereitung gehört, wie gesagt, mehr als nur das Lernen. Es gibt grundlegende Faktoren, die sich äußerst ungünstig auf das Prüfungsergebnis auswirken, selbst wenn du bestmöglich gelernt hast. Stell dir vor, du kommst zu spät oder tauchst im falschen Raum auf - da sind Panik und eine schlechtere Zensur vorprogrammiert. Deshalb solltest du am Abend vor der Prüfung durch diese kurze Checkliste für den Prüfungstag gehen:

1. Wann findet die Prüfung statt?

Damit ist nicht unbedingt das Datum, sondern eher die Uhrzeit gemeint. Wenn du die Information, wann genau die Prüfung stattfindet, nicht von einer zu 100 % zuverlässigen Quelle hast, solltest du dich dringend rückversichern und nochmals nachfragen.

2. Wo findet die Prüfung statt?

Mindestens so wichtig wie die Zeit, ist der Ort. Auch hier gilt wieder: Sei dir zu 100 % sicher, wo die Prüfung stattfindet und frage im Zweifelsfall lieber doppelt und dreifach nach.

3. Welche Utensilien brauche ich für die Prüfung?

Schreibmaterial, Bücher, Taschenrechner und Co. sollten sich in der Tasche befinden, die du zur Prüfung mitnimmst. Und zwar nicht erst am Morgen des Prüfungstages, sondern schon am Abend zuvor. Packe deine Tasche spätestens vor dem Zubettgehen und überprüfe deren Inhalt bevor du das Haus am Morgen verlässt erneut. Sicher ist sicher!

4. Wie komme ich zur richtigen Zeit an den richtigen Ort?

Natürlich gilt es, zu klären, wie du zur Prüfungszeit an den Prüfungsort gelangst. Es empfiehlt sich immer, einen Puffer von mindestens 15, besser noch 20 oder sogar 30 Minuten einzuplanen. Schließlich

weiß man nie, was passieren und einen einige Minuten lang aufhalten könnte.

5. Wie kann ich mich am Prüfungstag beruhigen?

Vor allem wenn du zu den Menschen gehörst, die nicht allzu gelassen mit Prüfungssituationen umgehen, solltest du dir ein, zwei Dinge überlegen, mit denen du dich etwas beruhigen kannst. Du könntest zum Beispiel einen Igelball mitnehmen und auf dem Weg zur Prüfung unentwegt drücken oder ein Lied hören, das beruhigend auf dich wirkt.

6. Habe ich den Wecker gestellt?

Last but not least: Wecker stellen! Und zwar nicht nur einen, sondern am besten mindestens drei im Abstand von jeweils fünf Minuten. Warum? Ganz einfach: Am Abend vor einer Prüfung haben viele Menschen Schwierigkeiten, zur Ruhe zu kommen und einzuschlafen. Sie liegen stundenlang wach, schlafen irgendwann nach Mitternacht ein und befinden sich in der Tiefschlafphase, wenn der Wecker klingelt. Die Eventualität, dass du nicht wach werden könntest, solltest du vorsichtshalber ausschließen. Deine Mitbewohner oder Eltern kannst du zusätzlich bitten, zu einer gewissen Uhrzeit nachzusehen, ob du wach bist, und dich gegebenenfalls zu wecken.

Vorbereitung auf die mündliche Prüfung

Fragt man zehn Schüler oder Studenten, ob sie lieber mündlich oder schriftlich geprüft werden, würden sich mindestens acht für die schriftliche Prüfung entscheiden. Mündliche Prüfungen bedeuten für viele Menschen einen zusätzlichen psychischen Stress. Schließlich redet man vor Menschen, die es vermutlich besser wissen, fragt sich, ob man stottert, zu oft "Ähm" sagt, zu schnell redet, vor Aufregung vielleicht ganz rote Wangen hat oder sichtbar stark schwitzt. Während man seine Antworten im Schriftlichen überprüfen kann, ist im Mündlichen gesagt, was einmal ausgesprochen wurde. Doch auch die mündliche Prüfung kann mit der richtigen Vorbereitung souverän und möglicherweise sogar gelassen gemeistert werden. Und so geht's:

Mögliche Fragen notieren

Schon während du dir den Stoff für eine mündliche Prüfung aneignest, kannst du sämtliche Fragen dazu notieren, die möglicherweise gestellt werden könnten. Frage dich selbst, was du einen Studenten oder Schüler fragen würdest, wenn du seinen Wissensstand zum Thema überprüfen müsstest.

Prüfungssituation nachstellen

Wenn du die Möglichkeit dazu hast, solltest du die Prüfungssituation nachstellen. Bitte Freunde oder Verwandte, als Prüfer zu fungieren und dich abzufragen. So kannst du trainieren, ruhig und bedacht zu antworten, und dich erstmalig zumindest im Ansatz in die Situation, die auf dich zukommt, hineinversetzen.

Karteikarten schreiben für Referate/Vorträge

Sollte deine mündliche Prüfung in Forme eines Referats oder Vortrags stattfinden, sind Karteikarten dein Anker. Nutze die Tipps aus Kapitel 5, um deine Karteikarten so anzufertigen, dass sie dir wirklich von Nutzen sind.

Selbstsicher auftreten

Du bist nervös, dir ist vielleicht sogar ein bisschen schlecht und deine Hände zittern? Kein Problem, so geht es vielen Menschen vor mündlichen Prüfungen. Trotzdem gilt es, ein selbstbewusstes Auftreten zumindest anzustreben. Dazu gehören verschiedene Elemente:

‣ Körperhaltung und Stand

Mit geduckten Schultern, die Beine überkreuzt und die Hände tief in den Hosentaschen vergraben - so sieht ein Mensch aus, der sich so unsicher fühlt, dass er am liebsten sofort die Flucht ergreifen würde. Um selbstsicher zu wirken, solltest du deine Beine nebeneinander im ungefähr hüftbreiten Stand aufstellen, die Hände für Gesten nutzen und die Schultern nach unten hinten ziehen. Dein Blick geht geradeaus beziehungsweise fokussiert abwechselnd dein Publikum. Es kann unangenehm sein den Prüfern oder dem Publikum direkt in die Augen zu sehen. Hier kannst du einen einfachen Trick anwenden: Schaue auf ihren Nasenrücken. Die anvisierte Person merkt keinen Unterschied, für dich wird der "Blickkontakt" auf diese Weise aber leichter auszuhalten.

‣ Stimme und Sprache

In Stresssituationen lässt sich die Stimmlage schlecht steuern. Dasselbe gilt für das Sprechtempo und die Melodik. Um möglichst selbstbewusst zu wirken, solltest du dich bemühen, in gemäßigtem Tempo und mit angemessener Melodik zu sprechen. Angemessen bedeutet weder monoton noch übertrieben betonend. Gerade bei Referaten bietet es sich an, sich vorher einmal selbst aufzunehmen, um zu checken, ob das Sprechtempo angenehm ist.

‣ Kleidung

Was die Kleidung angeht, so muss diese natürlich zwingend dem Anlass entsprechend sein. Innerhalb dieses vorgegebenen Rahmens solltest du aber versuchen, Klamotten auszuwählen, in denen du dich so wohl wie möglich fühlst. Auch das wirkt sich auf die Selbstsicherheit aus.

Vor mündlichen Prüfungen kann es dir zudem einen Push geben, die Power Posen aus Kapitel 3 einzunehmen. Eines solltest du dir zusätzlich vor Augen halten: Prüfer sind auch nur Menschen. Menschen, die dir vielleicht beängstigend erscheinen, weil sie deine Leistungen bewerten - aber letztendlich einfach nur Menschen. Jeder Prüfer, der vor dir sitzt, hatte in seinem Leben selbst schon mündliche Prüfungen zu bewältigen. Die Prüfer wissen, unter wie viel Stress du stehst, und haben Verständnis für deine Nervosität. Was zählt, sind nur deine Worte, die richtigen Antworten und ein Tick Sympathie.

Die Top 8 Fehler vor und in der Prüfung

Menschen machen Fehler - auch vor und in Prüfungen. Damit dir die gängigsten davon nicht passieren, sehen wir uns nun die Top 8 der Fehler in der Prüfungssituation an:

Am Morgen vor der Prüfung lernen

Wochenlang hat man das Lernen vor sich hergeschoben, dann binnen weniger Tage auf Teufel komm raus gepaukt und es wird bis zur letzten Minute vor Prüfungsbeginn gelernt. Weniger entspannt kann man nicht in eine Prüfung gehen. Das Lernen am Morgen vor der Prüfung hat keinen positiven Effekt auf die Prüfungsergebnisse. Was bis zum Prüfungstag nicht im Gehirn angekommen ist, wird sich dort auch nicht mehr einfinden. Besser ist es, den Morgen ruhig zu begehen, den Kopf frei zu halten und sich mental auf die Prüfung vorzubereiten.

Nicht frühstücken

Gerade Menschen mit Prüfungsangst ist am Morgen des Prüfungstages oft nicht nach Essen zumute. Doch erinnere dich: Dein Gehirn braucht Energie, um Leistung erbringen zu können. Deshalb ist ein Frühstück vor der Prüfung absolute Pflicht - selbst wenn du nur ein paar Scheiben Brot oder eine Banane runterbekommst.

Zu wenig Zeit einplanen

Nehmen wir an, der Weg zur Schule oder zur Uni nimmt normalerweise 15 Minuten in Anspruch. Würde es dann genügen, 20 Minuten vor Prüfungsbeginn loszugehen? Nein! Auf dem Weg könnte ein Unfall passiert sein, Staus sind sowieso die Normalität und die Bahn kann auch verspätet ankommen. Am Prüfungstag musst du solche eigentlich unvorhersehbaren Zwischenfälle einplanen. Verlasse das Haus lieber viel zu früh als nur eine Minute zu spät.

Zu viel nach links und rechts schauen

Du sitzt in der Prüfung und der Typ rechts von dir verwendet die ganze Zeit ein Geodreieck. Sofort hast du das Gefühl, etwas falsch gemacht zu haben, weil dein Geodreieck noch feinsäuberlich in deiner Mappe steckt. Links wird dagegen fleißig auf dem Taschenrechner herumgetippt, obwohl du ihn bisher noch nicht ein einziges Mal gebraucht hast. In Prüfungen nach links und rechts zu schauen und zu beobachten, was die anderen so treiben, führt nur zu Verunsicherung und ist eine Zeitverschwendung. Konzentriere dich auf dich selbst und die Aufgaben, die vor dir auf dem Tisch liegen. Wer weiß denn schon, ob die anderen im Raum sie richtig lösen?

An schwierigen Aufgaben hängenbleiben

Du hast bereits fünf Aufgaben gelöst, aber die sechste hat es so richtig in sich. Du grübelst und grübelst und so langsam bekommst du das Gefühl, nicht mehr genug Zeit für die Erledigung der restlichen Aufgaben übrig zu haben. Wenn du jetzt nicht lockerlässt, sondern dich weiter an dieser einen Aufgabe aufhängst, liegt dein Gefühl richtig und du verschwendest Punkte, die du möglicherweise spielend leicht sammeln hättest können. Es ist in Ordnung, ein paar Minuten über eine Aufgabe nachzudenken. Wenn du aber nicht weiterkommst, solltest du zur nächsten Aufgabe übergehen. Bleibt am Ende noch Zeit übrig, kannst du diese verwenden, um dich nochmals der zeitraubenden Aufgabe zu widmen. Und wenn nicht, bleibt diese eben unerledigt. Dafür hattest du die Zeit, die restlichen Fragestellungen zu bearbeiten.

Zu sehr beeilen

Die Prüfung beginnt und die Zeit läuft. Trotzdem solltest du nicht in zu große Eile verfallen, sondern eine Aufgabe nach der anderen gewissenhaft erledigen. Drei halbrichtige Lösungen wiegen schließlich weniger als eine richtige.

Nicht Korrekturlesen

Du hast die Prüfungsaufgaben erledigt und willst die Unterlagen einfach nur abgeben, um das Ganze endlich hinter dir zu haben. Das ist verständlich. Trotzdem solltest du die verbleibende Zeit nutzen, um deine Antworten noch einmal zu überprüfen. Vielleicht entdeckst du einen Fehler, den du noch ausbügeln kannst.

Angst vor Fehlern haben

Wer Aufgaben gar nicht erst beginnt, weil er Angst vor einer falschen Antwort oder Lösung hat, hat schon verloren. Wenn die Zeit es zulässt, solltest du also zumindest einen Versuch wagen.

Tipps gegen Prüfungsangst

Prüfungsangst ist eine heikle Sache, die sich eigentlich immer nachteilig auf Betroffene auswirkt. Drei Faktoren führen besonders häufig dazu, dass Prüfungsangst entsteht:

Persönlichkeitsmerkmale

Generell neigen introvertierte Menschen eher dazu, eine Prüfungsangst zu entwickeln. Diese Menschen haben die Tendenz, alles zu überdenken, sehen sich selbst schneller als Versager und stellen gleichzeitig hohe Ansprüche an sich. Eine Prüfung führt dann dazu, dass sie eigentlich nur verlieren können. Egal wie gut sie abschneiden - es wird nie genügen, um sie selbst zufriedenzustellen oder das negative Bild, das sie von sich haben, zu korrigieren.

Erfahrungen

Erfahrungen und traumatische Erlebnisse können ebenfalls zur Prüfungsangst führen. Haben die Eltern beispielsweise zu Bestrafungen gegriffen, wenn das Grundschulkind schlechte Zensuren mit nach Hause gebracht hat, kann dies eine Ursache für die fortbestehende Prüfungsangst sein.

Leistungsdruck

Schließlich trägt auch der Leistungsdruck zu Prüfungsängsten bei. Dabei ist es egal, ob der Druck von der betroffenen Person selbst, von Freunden und Verwandten oder von der Gesellschaft ausgeübt wird.

———————

Die Prüfungsangst äußerst sich häufig in Blackouts, Übelkeit, Bauchschmerzen, Schwindelanfällen, Kopfschmerzen, totalem Gedankenchaos und einer Lähmung, die Körper und Geist betreffen kann. Doch es gibt Mittel und Wege, dagegen vorzugehen:

Ablenkung

Die Stunden vor einer Prüfung werden für Betroffene schnell zu einer Belastungsprobe. Dann hilft es, sich abzulenken. Beschäftige dich ganz bewusst mit Dingen, die rein gar nichts mit der bevorstehenden Prüfung zu tun haben.

Autosuggestionen

Schon einige Tage vor der Prüfung kannst du damit beginnen, mit Autosuggestionen zu arbeiten. Das Prinzip ist dir bereits aus Kapitel 3 bekannt. Im Falle der Prüfungsangst eignen sich mitunter diese Sätze:

‣ Prüfungen sind harmlos.

‣ In einer Prüfung kann mir nichts passieren.

‣ Ich schaffe das.

‣ Ich kann die Prüfung überstehen.

‣ Ich werde mich konzentrieren können.

‣ Ich bleibe ruhig und gelassen.

Entspannungs- und Atemübungen

Der Tag vor der Prüfung kann für Betroffene die Hölle sein. Dann können Entspannungsübungen, zum Beispiel Fantasiereisen oder autogenes Training, helfen. Gegen den Stress direkt in der Prüfungssituation kann hingegen die tiefe Bauchatmung hilfreich sein. Atme gezielt in den Bauch ein und zähle bis fünf, halte den Atem an und zähle bis drei, atme dann aus und zähle dabei bis sieben.

Prüfungssituation trainieren

Auch hier kann das Trainieren der Prüfungssituation Sinn ergeben. Bei einer schriftlichen Prüfung kannst du Fragen aus Übungsbüchern übernehmen und einfach loslegen. Für die mündliche Prüfung lässt du dich von Freunden oder Verwandten befragen. Je mehr die Prüfungssituation zur Gewohnheit wird, desto leichter schwindet die Angst.

Prüfungsangst analysieren

In manchen Fällen kann es auch sinnvoll sein, die Prüfungsangst einmal genau zu analysieren. Was macht dir solche Angst? Welche Symptome beobachtest du? Wann treten diese auf? Vor allem die Angstauslöser, also die Gründe für deine Prüfungsangst, sind interessant. Objektiv betrachtet gelingt es dir nämlich vielleicht, sie zu relativeren - zumindest auf logischer Ebene. Langfristig kann in besonders schweren Fällen auch eine Psychotherapie helfen, an der Prüfungsangst zu arbeiten.

Perspektive wechseln

Versuche, die Perspektive zu wechseln. Stelle dir vor, du hättest keine Prüfungsangst. Wie würdest du dich dann vor einer Prüfung verhalten? Was würdest du wohl tun und denken? Bleibe so lange wie möglich in dieser Rolle und beobachte, was es mit dir macht.

Schüssler Salze, Bachblüten und Co.

Zur Not können bei akuter Prüfungsangst auch pflanzliche Mittel aus der Apotheke helfen. Insbesondere Schüssler Salze und Bachblütentropfen sollen hier nützlich sein. Wichtig ist dabei aber, auf die Dosierung zu achten. Schließlich willst du dich beruhigen, aber nicht müde oder schläfrig werden.

Das Wichtigste in Kürze

✓ Selbstverständlich ist eine gute Prüfungsvorbereitung von essentieller Bedeutung. Die Checkliste für den Prüfungstag sorgt dafür, dass nichts Wichtiges vergessen wird.

✓ Mündliche Prüfungen verursachen oft mehr psychischen Stress als schriftliche. Darauf vorbereiten kann man sich beispielsweise, indem man die Prüfungssituation nachstellt und sich mögliche Fragen notiert.

✓ Zu den Top 8 der Fehler vor der Prüfung gehören das Auslassen des Frühstücks, das Orientieren an Kommilitonen und die Angst davor, Fehler zu machen

✓ Um gegen Prüfungsangst vorzugehen, kann man mit Autosuggestionen und Entspannungsübungen arbeiten, sich ablenken und die Prüfungssituation simulieren. Auch eine Analyse der Prüfungsangst kann hilfreich sein.

Kapitel 9: Last Minute Lernen - was tun, wenn die Zeit knapp wird?

Auch wenn du weißt, dass es immer sinnvoller ist, frühzeitig mit dem Lernen zu beginnen, kann es natürlich vorkommen, dass einmal nur wenig Zeit übrig bleibt. Das passiert zum Beispiel, wenn du vergisst, eine Prüfung in deinen Kalender einzutragen, und erst wenige Tage vorher zufällig von deinen Kommilitonen daran erinnert wirst. Damit du auch in diesem ungünstigen Falle das Beste daraus machen kannst, findest du in diesem Kapitel zehn Tipps für das Lernen mit knappem Zeitlimit.

#1: Nicht in Panik ausbrechen

Die übliche Reaktion auf zu viel Lernstoff, zu wenig Zeit und ein Versäumnis ist Panik. Leider hilft dir Panik in dieser Situation aber so gar nicht weiter. Du hast einen Prüfungstermin vergessen - das kann jedem mal passieren. Also atme einmal tief durch und bemühe dich, dich zu sammeln und dir selbst zu vergeben. Erst im Anschluss kann effektives Lernen stattfinden.

#2: Lernthemen auflisten

Verschaffe dir einen Überblick über den Lernstoff. Trage alle Materialien, die du zum Lernen benötigst, zusammen und schreibe eine Liste, in der du sämtliche prüfungsrelevanten Lernthemen notierst. So weißt du ganz genau, welchen Umfang du zu bewältigen hast.

#3: Vom Perfektionismus verabschieden

Wenn es sprichwörtlich fünf vor zwölf ist, ist es höchste Zeit, dich vom Perfektionismus zu verabschieden. Du wirst möglicherweise nicht in der Lage dazu sein, dir in der verbleibenden Zeit alle Lerninhalte anzueignen. Das ist eine Tatsache. Dein Ziel ist es ab jetzt nicht mehr, die Prüfung perfekt zu meistern, sondern irgendwie bestmöglich durchzukommen. Tausche deinen Perfektionismus durch Schadensbegrenzung aus.

#4: Prioritäten setzen

Du siehst, dass du in den verbleibenden Tagen unmöglich den gesamten Lernstoff durcharbeiten kannst? Dann musst du knallharte Prioritäten setzen. Überlege: Welche Themen sind zu 100 % prüfungsrelevant und welche werden nur vielleicht abgefragt? Welche Inhalte musst du unbedingt verstehen und welche bauen nur darauf auf? Streiche Themen von deiner Liste, die du nicht für hochgradig relevant hältst. Und zwar so lange, bis der verbleibend Stoff in der übrigen Zeit zu bewältigen ist. Solltest du schneller als gedacht vorankommen, kannst du immer noch zusätzliche Themen in Angriff nehmen.

#5: Groben Lernplan erstellen

Das Erstellen eines Lernplanes kostet Zeit, die du eigentlich nicht hast, schon klar. Trotzdem solltest du es tun. Nur so kannst du die verbliebende Zeit sinnvoll aufteilen und nutzen. Nimm dir eine halbe Stunde Zeit, um einen groben Lernplan zu kreieren. Dadurch, dass er dir später sagt, was zu tun ist, wirst du die investierte Zeit mindestens doppelt wettmachen.

#6: Ablenkung verbannen

Was generell schon gilt, ist hier nun todernst gemeint: Jegliche Ablenkung hat nichts in deiner Nähe verloren. Schalte dein Handy auf lautlos und sage deinen Freunden, Eltern oder Mitbewohnern, dass du die kommenden Tage über nicht gestört werden möchtest. Schließlich musst du deine persönliche Höchstleistung erbringen - dabei kannst du keine Störenfriede gebrauchen.

#7: Wartezeiten nutzen

Du wartest auf die Bahn, den Bus oder im Supermarkt an der Kasse? Jede Minute zählt! Nutze auch diese zufällig entstehenden Zeiträume, um zu lernen. Wenn du keine Lernmaterialien bei dir hast, solltest du einfach im Kopf durchgehen, was du zu einem einzelnen Lernthema zu sagen hast. Ganz nach dem Motto "Kleinvieh macht auch Mist", summieren sich diese ansonsten ungenutzten Minuten nämlich - du solltest sie also dringend nutzen.

#8: Klebezettel verteilen

Schreibe die wichtigsten Definitionen, Formeln und Kernaussagen des Lernstoffs auf Klebezettel und befestige diese an Orten, an denen du dich täglich mehrfach aufhältst, wie zum Beispiel am Spiegel im Bad, am Waschbecken auf der Toilette und an der Kühlschranktür. Jedes Mal, wenn du einem solchen Zettel begegnest, liest du ihn automatisch und eignest dir das Wissen so ganz nebenbei an.

#9: Am Abend wiederholen

Aufgenommene Informationen werden nachts vom Gehirn verarbeitet und abgespeichert. Daher empfiehlt es sich, das tagsüber Gelernte am Abend, kurz vor dem Zubettgehen, zu wiederholen. Nimm deine Ordner zur Not mit ins Bett und lies den Stoff, den du den Tag über bearbeitet hast, zumindest noch einmal durch, bevor du die Augen schließt.

#10: Das "Schicksal" seinen Lauf nehmen lassen

Irgendwann ist er da, der Tag der Prüfung. Wahrscheinlich hast du ein komisches Gefühl im Bauch, weil du denkst, nicht genug gelernt zu haben. Wenn du die Tage, die dir zur Verfügung standen, aber effektiv genutzt hast, hast du dir nichts vorzuwerfen. Du hast das Beste aus der misslichen Lage gemacht und kannst erhobenen Hauptes in die Prüfung gehen. Mache nicht den Fehler, am Prüfungstag panisch durch sämtliche Lernmaterialien zu blättern, sondern gönne dir in den Stunden vor Prüfungsbeginn etwas Ruhe und bereite dich lieber mental und organisatorisch auf die Prüfung vor. Stelle sicher, dass du alle benötigten Materialien dabei hast, trinke einen Tee und lasse dich nicht von nervösen Kommilitonen und Mitschülern verrückt machen. Stelle dich darauf ein, dich zu konzentrieren, und lasse von diesem Zeitpunkt an das "Schicksal" seinen Lauf nehmen.

Kapitel 10: Lernen mit Hindernissen

 Während viele Menschen - und vielleicht auch du - das Lernen ganz ohne persönliche Einschränkungen schon als anstrengend empfinden, gibt es Personen, für die das Lernen tagtäglich zur riesigen Herausforderung wird. Die Rede ist von Menschen, die von ADHS, Legasthenie oder Dyskalkulie betroffen sind. Während andere beim Lernen bildlich gesprochen eine gerade Strecke entlanglaufen, müssen diese Personen einen Hürdenlauf mit zahlreichen Hindernissen bewältigen. Doch weder ADHS noch Dyskalkulie oder Legasthenie bedeuten, dass ein Lernen nicht möglich ist.

ADHS

ADHS steht für "Aufmerksamkeitsdefizit-Hyperaktivitätsstörung" und tritt für gewöhnlich im Kinder- und Jugendalter auf. Etwa 40 % bis 80 % der Kinder, bei denen ADHS diagnostiziert wurde, haben auch im Jugend- und frühen Erwachsenenalter mit den Symptomen zu kämpfen. Bei den restlichen Fällen verliert sich die psychiatrische Erkrankung, die zu den Verhaltensstörungen gehört, schon zuvor. Es kommt aber auch vor, dass zumindest ein Teil der Symptomatik bei Erwachsenen - manchmal auch lebenslang - bestehen bleibt. Weltweit sind ungefähr 5,3 % aller Kinder von ADHS betroffen. Werfen wir einen kurzen Blick auf die gängigen Symptome:

Kinder(n)...

✓ ...lassen sich leicht ablenken.

✓ ...fällt das Konzentrieren schwer.

✓ ...bringen Tätigkeiten oft nicht zu Ende.

✓ ...handeln häufig unkontrolliert.

✓ ...haben einen starken Bewegungsdrang.

Erwachsene...

✓ ...leiden unter innerer Unruhe.

✓ ...haben Schwierigkeiten, ihre Aufmerksamkeit dauerhaft auf einen Gesprächspartner zu richten.

✓ ...können Unwichtiges schwer von Wichtigem unterscheiden.

✓ ...handeln häufig impulsiv.

An dieser Stelle muss dringend gesagt werden, dass Betroffene auch ihre eigenen Stärken besitzen. Sie sind oft besonders kreativ, denken quer und stellen Dinge in Frage, die andere Menschen einfach so hinnehmen. Was das Lernen betrifft, wirkt sich ihre Erkrankung selbstverständlich dennoch negativ aus. Trotzdem wollen Menschen mit diesem Störungsbild gerne lernen. Menschen mit ADHS gehen zur Schule, sie studieren und sie machen Karriere - das alles ist nicht unmöglich. Leider müssen sie für ihren Erfolg meist deutlich mehr Aufwand betreiben und ein Plus an Zeit investieren. Die folgenden Maßnahmen, Tipps und Verhaltensweisen können ADHS Betroffenen helfen, so effizient wie möglich zu lernen:

Struktur ist alles

Eine feste Struktur erleichtert es den Betroffenen, ihre innere Unruhe nicht Überhand nehmen zu lassen und zu schaffen, was sie sich vorgenommen haben. Steht beispielsweise eine Prüfung an, ist ein Lernplan absolut unverzichtbar. Dieser sollte die gewohnte Tagesstruktur aber so wenig wie möglich durcheinanderbringen. Es gilt, einen Mittelweg zu finden und bei der Erstellung des Plans unbedingt Rücksicht auf die persönlichen Herausforderungen, Schwierigkeiten und Besonderheiten zu nehmen.

Planung und Erinnerungen

Da Betroffene zur Vergesslichkeit neigen, sollten sie sich an Abgabetermine, Prüfungsdaten und den Beginn der Lernphase erinnern lassen. Das funktioniert wunderbar über einfache Erinnerungsplaner auf dem Smartphone. Es gilt die Devise: Lieber einmal zu viel erinnert, als einmal zu oft vergessen.

Laufen, Hüpfen, Springen

Das Stillsitzen kann sich für Betroffene zur echten Qual werden. In der Vorlesung ist nicht mehr als ein Wippen mit dem Fuß oder ein Trommeln mit den Fingern möglich. Beim Lernen Zuhause sollte man sich dann aber die Freiheit gönnen, seinen Bedürfnissen entgegenzukommen und Texte beispielsweise umherlaufend im Zimmer zu lesen oder auf einen Spaziergang mitzunehmen. Manchmal hilft es auch, sich in den Pausen zwischen den Lerneinheiten ordentlich auszupowern und einfach einmal zu rennen, soweit einen die Beine tragen.

Reizarme Lernumgebung

Kommen wir zum Thema Ablenkung. Schon Personen ohne Einschränkungen fällt es oft schwer, sich nicht ablenken zu lassen. Bei ADHS Betroffenen trifft dies in deutlich erhöhtem Maße zu. Eine extrem reizarme Lernumgebung ist daher ein absolutes Muss. Alles, was die Aufmerksamkeit auf sich ziehen könnte und sich entfernen lässt, sollte der Lernumgebung weichen.

Viele Pausen

Da das Konzentrieren für Menschen mit ADHS unvergleichlich anstrengender ist, ist es sinnvoll, deutlich mehr Pausen einzubauen. Schon fünf Minuten Unterbrechung können manchmal ausreichen, um wieder konzentriert weiterarbeiten zu können.

Grenzen respektieren

Die Konzentration ist am Ende, aber bis zur nächsten geplanten Pause sind es noch zwanzig Minuten? Dann wird eben jetzt Pause gemacht. Es ist wichtig, sich selbst gut einschätzen zu können, auf sich zu achten und die eigenen Grenzen zu respektieren.

Positives Feedback

Je nach Ausprägung der Symptome, können schon 15 Minuten der ununterbrochenen Konzentration eine Meisterleistung sein. Und Meisterleistungen müssen als solche anerkannt werden. Es nützt nichts, sich mit anderen zu vergleichen. Jeder Mensch ist einzigartig und was für den einen nur ein kleiner Hügel ist, ist für den anderen ein schier unüberwindbarer Berg. Man sollte also keinesfalls vergessen, sich selbst auf die Schulter zu klopfen, wenn etwas gut funktioniert hat, und die eigenen Leistungen - ganz unabhängig davon, was andere so leisten - zu loben.

Legasthenie

Legasthenie, auch Lese- und Rechtschreibschwäche (kurz LRS) genannt, ist keine Erkrankung im herkömmlichen Sinne, sondern vielmehr eine Eigenschaft, die aus einer Störung beim Aneignen und Nutzen der geschriebenen Sprache besteht. Legasthenikern fällt es schwer, das gesprochene Wort in die Schrift zu übersetzen und andersherum. Außerdem haben sie gravierende Probleme beim Lesen. Derzeit wird davon ausgegangen, dass etwa 5 % der Schüler in Deutschland von einer LRS betroffen sind. Dem gegenübergestellt ist die Zahl von 4 % der Erwachsenen, deren Lese- und Rechtschreibniveau dem eines Viertklässlers entspricht. In manchen Fällen lässt sich der Legasthenie durch therapeutische und schulische Maßnahmen entgegenwirken, oft bewirkt der so aufgebaute Druck aber auch das Gegenteil. Als nicht betroffener Mensch fällt einem kaum auf, wie viel Raum das geschriebene Wort in unserer Gesellschaft und in unserem ganz normalen Alltag einnimmt. Für Legastheniker kann unter Umständen schon das Lesen eines gewöhnlichen Straßenschildes zur Herausforderung werden. Ganz abgesehen von Speisekarten, Flyern, Zeitungen oder gar Büchern. Man kann sich nur bedingt vorstellen, welchen Stress ein ganz normaler Schultag für ein Kind mit Legasthenie darstellt. Und im Erwachsenenleben wird es kaum leichter. Schließlich eignen wir uns einen Großteil unseres Wissens normalerweise über das Lesen an. Die Legasthenie lässt sich nicht wegzaubern, so viel ist klar. Folgende Tipps können das Lernen aber dennoch ein wenig erleichtern:

Gelassenheit statt Druck

Druck führt zu Stress und Stress führt wiederum dazu, dass ein Lernen nahezu unmöglich ist. Je gelassener Betroffene an Aufgaben herangehen, desto eher werden sie diese bewältigen können.

Hören statt lesen

Legastheniker sollten die Vorlesung aufnehmen, anstatt mitzuschreiben. Wenn sie Zuhause einen Lerntext lesen, sollten sie ihre eigene Stimme dabei aufzeichnen, sodass sie beim nächsten Durchgang nicht lesen müssen, sondern entspannter hören können. Auch die Investition in einen E-Reader mit Vorlese-Funktion kann sich lohnen.

Wichtiges Markieren

Beim Lesen eines Textes empfiehlt es sich, die relevanten Stellen direkt zu markieren. Nimmt man sich den Text dann erneut vor, muss man lediglich die hervorgehobenen Stellen beachten und sich nicht nochmals durch den gesamten Text quälen.

Tippen statt schreiben

Ist ein Mitschreiben unerlässlich, tun sich viele Betroffene leichter, wenn sie am Laptop mittippen, anstatt den Inhalt handschriftlich aufzuschreiben. Rechtschreibprogramme, wie sie in Word beispielsweise grundsätzlich inkludiert sind, helfen dabei, den Aufschrieb zu korrigieren und grobe Rechtschreibfehler auszumerzen.

Akzeptanz statt Kampf

Viele Betroffene empfinden ihre Legasthenie als eine schwere Bürde, was durchaus nachvollziehbar ist. Letztendlich nützt es aber nichts, aus diesem Grunde im Kampf mit sich selbst und seinen Fähigkeiten zu stehen. Auf Dauer muss gelernt werden, die eigenen Schwächen und Besonderheiten zu akzeptieren. Wer sich immer wieder grenzenlos über sich selbst ärgert oder in Selbstmitleid badet, kommt nicht voran.

Dyskalkulie

Die Dyskalkulie ist eine Rechenschwäche, die bei circa 5 % bis 7 % der Menschen weltweit auftritt. Betroffene leiden unter einer Einschränkung des arithmetischen Denkens, die sich in einer geminderten Rechenfertigkeit äußert. Erste Symptome lassen sich häufig schon im Kindergartenalter beobachten. Spätestens in der Grundschule wird die Dyskalkulie dann entdeckt. Genau wie die Legasthenie, verschwindet die Dyskalkulie normalerweise nicht mit steigendem Alter, sondern begleitet die Betroffenen oft ein Leben lang. Wer sich für einen Beruf entscheidet, der wenig bis gar nichts mit Zahlen zu tun hat, kann sehr gut und beinahe einschränkungslos mit einer gemäßigten Dyskalkulie leben. Fällt im Erwachsenenalter auch das bloße Erkennen von einzelnen Zahlen oder Zahlenabfolgen noch schwer, sieht es allerdings anders aus. Viele Eltern von Kindern mit Dyskalkulie arbeiten nach dem Motto "Übung macht den Meister". Das kann bis zu einem gewissen Grad zutreffen, tatsächlich lässt sich das Problem mit reinem Üben aber nicht beheben. Daher ist es für Betroffene ratsam, ihre Rechenschwäche zu akzeptieren. Wer die Schulzeit geschafft hat, kann Taschenrechner verwenden und sich weitestgehend selbst aussuchen, ob und inwiefern er sich weiterhin mit mathematischen Pro blemen auseinandersetzen möchte Da sich die Dyskalkulie in extrem unterschiedlichen Ausprägungen zeigt, ist es nahezu unmöglich, pauschale Lerntipps zu geben. Aus diesem Grund sollten sich Betroffene an Experten auf diesem Gebiet wenden, um mehr über die bestehenden Möglichkeiten zu erfahren.

Das Wichtigste in Kürze

✓ ADHS steht für "Aufmerksamkeitsdefizit-Hyperaktivitätsstörung" und betrifft etwa 5,3 % der Kinder weltweit. In manchen Fällen besteht die Störung auch im Erwachsenenalter fort.

✓ Verschiedene Maßnahmen, wie eine reizarme Lernumgebung, eine gute Planung und eine feste Struktur, können das Lernen mit ADHS erleichtern.

✓ Die Legasthenie wird auch Lese- und Rechtschreibschwäche, kurz LRS, genannt und oft bei Kindern im Grundschulalter entdeckt. 4 % der Erwachsenen in Deutschland haben damit zu kämpfen.

✓ Bei einer vorliegenden LRS kann es nützlich sein, die persönlichen Einschränkungen zu akzeptieren, Druck herauszunehmen und das Lernen wann immer möglich, an die Legasthenie anzupassen. Betroffene sollten so zum Beispiel eher am Laptop mittippen, anstatt handschriftlich mitzuschreiben sowie Texte aufnehmen und deren Inhalte auditiv lernen.

✓ Die Dyskalkulie ist eine Rechenschwäche, die zwischen 5 % und 7 % der Menschheit betrifft. Sie kann extrem unterschiedlich ausgeprägt sein, weshalb es hier schwierig ist, konkrete Lerntipps zu geben.

Kapitel 11: Die gängigsten Mythen über das Lernen

 Um das Lernen ranken sich zahlreiche Mythen. Kein Wunder, schließlich kommt kein Mensch drum herum, in seinem Leben zu lernen. Leider sind viele dieser Mythen einfach nur falsch. Das trifft zum Beispiel auf die folgende Top 8 der gängigsten Mythen über das Lernen zu:

Mythos #1:
Unter Druck lernt man effektiver

Dieser Mythos ist kein totaler Quatsch, aber eben auch nicht wahr. Wer bereits über Wissen zum Thema verfügt und lediglich den Feinschliff erledigen möchte, kann unter Zeitdruck potenziell tatsächlich schneller und produktiver arbeiten. Das liegt unter anderem daran, dass man in dieser Situation weniger empfänglich für Ablenkungen ist. Geht es aber darum, etwas grundlegend zu verstehen, ist Druck der absolute Feind. Eine komplexe Angelegenheit unter Druck verstehen zu wollen ist, als würde man versuchen, ein 5-Gänge Menü in fünf Minuten zuzubereiten. Damit man Zusammenhänge wirklich begreifen kann, muss man genügend Zeit haben, um ihnen im eigenen Tempo auf die Spur zu kommen. Unter Druck lernt man also lediglich besser, wenn es kaum noch etwas zu lernen gibt.

Mythos #2:
Lernen fällt Erwachsenen schwerer

Wenn du die vorhergehenden Kapitel dieses Buches aufmerksam gelesen hast, weißt du, dass dieser Mythos absoluter Blödsinn ist. Erwachsene lernen nicht schlechter oder langsamer als Kinder - sie lernen eben anders. Wenn du mehr darüber erfahren möchtest, solltest du nochmals zu Kapitel 2 zurückblättern.

Mythos #3:
Zucker für die Nerven

Wer kennt es nicht: Vor der Prüfung schmeißt sich jeder ein oder zwei Traubenzucker ein und dann wird das schon werden. Aus Kapitel 7 ist dir bekannt, dass Schwankungen des Blutzuckers die Gehirnleistung negativ beeinflussen können. "Zucker für die Nerven" ist also äußerst kontraproduktiv.

Mythos #4:
Fehler bedeuten einen Rückschritt

Manche Lehrer und Dozenten vertreten die Auffassung, dass Fehler immer einen Rückschritt bedeuten. Sie begründen ihre Ansicht damit, dass sich der falsche Lösungsweg einprägt und es beim nächsten Anlauf somit noch schwieriger wird, richtig vorzugehen. Das würde zutreffen, wenn wir Menschen nicht logisch denken könnten. Hätten wir den Neokortex eines Pferdes, wäre dieser Mythos wahr. Doch unser Neokortex - also der Teil des Gehirns, der hauptsächlich für das logische Denken verantwortlich ist - ist um ein Vielfaches größer. Wir speichern keine situationsbezogenen Wege ab, sondern können einen Fehler direkt als solchen erkennen und schlussfolgern, was wir beim nächsten Versuch anders machen müssen, um ein besseres Ergebnis zu erzielen. Aus Fehlern lernt man zwar nicht zwangsläufig besser als aus Erfolgserlebnissen, doch auch Fehler bergen das Potenzial, zum Lernfortschritt beizutragen. Deshalb sind sie keineswegs mit einem Rückschritt gleichzusetzen.

Mythos #5:
Auswendiglernen reicht aus

Man liest den Text einmal, dann ein zweites und ein drittes Mal, anschließend versucht man ihn blind aufzusagen, spickt nochmals kurz nach, versucht es erneut und schließlich ist der Text 1:1 und Wort für Wort im Gehirn. Gelernt hat man aber trotzdem nichts. Wer auswendig lernt, prägt sich die Abfolge der Worte ein, arbeitet aber nicht daran, den Inhalt des Textes zu verstehen. Manchmal mag das ausreichen, aber gerade bei Themen, auf die später aufgebaut wird, ist das Auswendiglernen definitiv nicht ausreichend.

Mythos #6:
Hochbegabte Kinder sind gute Schüler

Hochbegabt - das klingt, als würde das Leben selbst einem den roten Teppich ausrollen und einen dazu einladen, auf einer Sänfte durch die Schulbildung getragen und erst in einer Spitzenposition wieder heruntergelassen zu werden. So oder so ähnlich denken viele Menschen über hochbegabte Kinder und Jugendliche. Tatsächlich ist es aber so, dass auch diesen Menschen nicht alles wie von Zauberhand zufliegt. Im Gegenteil: In der Schule fallen Hochbegabte gehäuft durch Verhaltensauffälligkeiten auf und bringen durchaus auch schlechte Zensuren nach Hause. Was der Lehrer an der Tafel redet und erklärt, unterfordert diese Kinder maßlos, weshalb sie gerne den Klassenclown spielen, den Unterricht stören und gar nicht mehr versuchen, aufzupassen. Die stetige Unterforderung führt schnell zur Frustration und dazu, dass die Kinder manchmal absichtlich falsche Antworten abgeben - einfach nur, weil sie gelangweilt sind und das Gefühl haben, hier ohnehin nichts von Bedeutung zu lernen. Die Gleichung "hochbegabt = Einserschüler" geht also in vielen Fällen nicht auf.

Mythos #7:
Je höher der IQ, desto effektiver lernt man

Auch dieser Mythos lässt sich eindeutig als falsch enttarnen. Und dafür muss man nicht einmal erwähnen, dass die Art, auf die der IQ berechnet wird, schon seit Jahren in der Kritik steht. Ein Mensch mit überdurchschnittlich hohem IQ, aber ohne Interesse für das Thema und ohne jegliche Ambitionen, es zu verstehen, lernt weniger effektiv, als eine Person mit niedrigerem IQ, die hochmotiviert, gut organisiert und interessiert ist.

Mythos #8:
Irgendwann hat man ausgelernt

Im Leben lernt man nie aus. Als Kleinkind lernt man Laufen und Sprechen, im Kindergarten lernt man einiges über Konflikte und die soziale Interaktion und dann folgt die Grundschule mit Rechnen, Lesen, Schreiben und Schwimmen. Anschließend geht es direkt in die weiterführende Schule, dann kommen der Abschluss, die Ausbildung oder das Studium und der Berufseinstieg. Doch damit ist es nicht getan. Das menschliche Leben ist von Anfang bis Ende vom Lernen geprägt. Vielleicht büffelt man mit Mitte 50 nicht mehr für eine Klausur, man erlebt aber dennoch täglich Dinge, die einen dazulernen lassen. Leben heißt Lernen und wir lernen ein Leben lang. Und es wäre eigentlich auch traurig, wenn das nicht so wäre.

Kapitel 12: 10 Tipps - Kinder beim Lernen unterstützen

Kinder im Grundschulalter müssen sich oftmals noch an das Lernen gewöhnen. Sie sind noch nicht in der Lage dazu, vollständig zu begreifen, wie wichtig das Lernen für ihre Gegenwart und Zukunft ist. Sie interessieren sich für ganz andere Dinge, wie das Spielen oder das Finden von Freunden, sodass Mathe, Deutsch und Naturkunde für sie einen deutlich geminderten Stellenwert einnehmen. Hinzu kommt der durch die Schule - und manchmal auch durch die Eltern - aufgebaute Leistungsdruck, der jede Motivation im Keim erstickt. Für viele Eltern stellt es täglich eine Herausforderung dar, ihre Sprösslinge zum Machen der Hausaufgaben oder zum Lernen auf Klausuren zu überreden. Deshalb konzentriert sich dieses Kapitel auf nützliche Tipps, die dabei helfen, Kindern das Lernen zu erleichtern und sie beim Auf- und Ausbau ihres Wissens zu unterstützen.

#1: Den Lerntyp kennen

Du kannst dein Kind besser unterstützen, wenn du seinen Lerntyp kennst und weißt, über welche Sinneskanäle und durch welche Tätigkeiten es am leichtesten lernt. In Kapitel 4 findest du alle Informationen, die du brauchst, um den Lerntyp beziehungsweise die Lerntypen deines Kindes zu bestimmen. Zusätzlich solltest du dein Kind ganz einfach einmal fragen, wie ihm das Lernen am besten gefällt und auf welche Art es ihm hingegen besonders schwer fällt.

#2: Ein förderndes Lernklima schaffen

Wenn die kleinen Geschwister um den Tisch herumtoben, der Fernseher in hörbarer Lautstärke im Nebenzimmer läuft und der ältere Bruder lautstark mit seiner neuen Freundin telefoniert, kann kein Kind lernen. Kinder lassen sich generell leichter ablenken als Erwachsene und besitzen eine geringere Aufmerksamkeitsspanne. Ein ruhiger, reizarmer Ort zum Lernen und zum Erledigen der Hausaufgaben ist daher unverzichtbar.

#3: Neugierig machen und Anreize finden

Kinder lernen fast von ganz alleine, wenn sie neugierig sind. Die Neugier ist etwas, das im Kindesalter sehr stark ausgeprägt ist und sich im Erwachsenenalter oft teilweise oder fast ganz verliert. Wenn du es also schaffst, dein Kind neugierig auf den jeweiligen Lernstoff zu machen, wird es sich weniger gegen das Lernen sträuben. Zusätzlich können gewisse Anreize helfen. Ist dein Kind beispielsweise besonders tierlieb und steht eine Naturkunde-Klassenarbeit an, könntest du ihm sagen, dass man mit guten Kenntnissen in diesem Fach später Tierarzt werden kann. Ein weiteres Beispiel: Der Englischunterricht wird viel interessanter, wenn man ein Kind, das sich auf den nächsten Urlaub freut, darüber informiert, dass es sich dort auf Englisch unterhalten kann.

#4: Selbstbestimmtheit fördern

Natürlich brauchen Kinder die Betreuung und Anleitung durch ihre Eltern. Dennoch ist es nicht unbedingt förderlich, wenn Eltern alles strikt vorgeben und ihrem Nachwuchs ständig über die Schulter schauen. Dein Kind findet, dass es besser ist, zuerst spielen zu gehen und die Hausaufgaben am frühen Abend zu erledigen? Ok, warum nicht. Schließlich bedeutet das nicht zwangsläufig, dass es das Lernen nur vor sich herschieben will. Möglicherweise kann es sich nach einer ausgiebigen Spielrunde einfach wieder besser konzentrieren. Solange die Hausaufgaben am Ende des Tages erledigt sind, solltest du deinem Kind diesen Grad an Selbstbestimmung zugestehen. Auch du erledigst Dinge doch lieber und motivierter, wenn dich keiner zwingt, sie sofort in Angriff zu nehmen, oder?

#5: Rollentausch

Es kommt durchaus vor, dass Kinder das Lernen aus einer Trotzreaktion heraus verweigern. Ganz à la "Die blöde Mama will das, also mach ich das nicht", werden dann Tobsuchtsanfälle der Extraklasse geprobt. In einem solchen Fall kann - sobald die Wogen geglättet sind - ein Rollentausch helfen. Schlüpfe raus aus der Rolle des Erwachsenen und vermeintlich Allwissenden, der in dieser alltäglichen Situation als "Lehrer" fungiert, und rein in die Rolle des neugierigen Lernenden. Frage dein Kind nicht ab, sondern bitte es, dir den Lernstoff zu erklären. Wichtig ist, dass du passende Fragen stellst und dein Kind dein Interesse und deine Neugier als wirklich authentisch wahrnimmt.

#6: Kindgerechten Lernplan erstellen

Ein kindgerechter Lernplan unterscheidet sich selbstverständlich massiv von einem Lernplan für Erwachsene. Der Lernplan sollte nicht nur Aufgaben enthalten, sondern auch Lernziele, die mit einer Belohnung verknüpft sind. Das muss nicht zwangsläufig etwas teures oder materielles sein. Ein Ausflug in den Park, ein Nachmittag mit Freunden oder das Kochen des Lieblingsessens reichen aus. Wenn ein Kind auf einen Lernplan blickt, der nur aneinandergereihte Aufgaben enthält, wird es sich mit aller Macht dagegen wehren, die erste Aufgabe zu beginnen. Wenn es aber sieht, dass die Erledigung der einzelnen Aufgaben zu einem Ziel führt, das für es selbst erstrebenswert ist, sieht die Sache plötzlich ganz anders aus.

#7: Pausen richtig gestalten

Kinder brauchen mehr Pausen als Erwachsene. Wichtig ist aber nicht nur, Pausen zu machen, sondern auch, diese richtig zu gestalten. Wird das Kind in den Lernpausen vor dem Fernseher geparkt, ist das einmalig ok. Auf Dauer würde es die Leistungsfähigkeit des Kindes aber negativ beeinflussen. Du solltest dafür sorgen, dass dein Kind in den Pausen an die frische Luft kommt, einen Snack zu sich nimmt, etwas trinkt und den Kopf frei bekommen kann. Denn nur sinnvoll genutzte Pausen bringen den gewünschten Effekt.

#8: Sinnvoll loben

Kinder nur zu loben, wenn sie gute Noten nach Hause bringen, ist auf Dauer kontraproduktiv und vor allem nicht fair. Anstatt die erzielte Note zu loben, solltest du das Engagement, die Motivation, den Ehrgeiz, das Durchhaltevermögen oder die Konzentration deines Kindes hervorheben. So lernt es, dass nicht allein das Ergebnis, sondern auch der Weg dorthin zählt. Und das wird dazu führen, dass es diesen Weg lieber und mit besserer Laune geht.

#9: Bedingungslos wertschätzen

Dein Kind bringt schlechte Zensuren mit nach Hause? Dann liegt die Lösung sicher nicht in der Bestrafung. Kaum ein Kind schreibt absichtlich schlechte Noten. In aller Regel wollen Kinder hauptsächlich eines: von ihren Eltern geliebt und anerkannt werden. Das Schimpfen über schlechte schulische Leistungen hat schon viel zu oft dazu geführt, dass Kinder eine Angst vor der Schule entwickeln - und eine Angst vor den Eltern, wenn sie diesen mal wieder eine Vier präsentieren müssen. Angst ist Stress pur und du weißt, dass Stress den Lernfortschritt nicht gerade fördert. Daher ist es essentiell wichtig, deinem Kind zu vermitteln, dass du seine Bemühungen wertschätzt, und zwar ganz unabhängig davon, zu welchen Zensuren sie führen. Wenn du siehst, dass dein Kind sich bemüht, müssen die Noten ein Stück weit in den Hintergrund rücken - ansonsten ist kein angst- und druckfreies Lernen mehr möglich.

#10: Schulisches Lernen ist nicht alles

Zu guter Letzt gilt es, zu akzeptieren, dass dein Kind sich in einem Alter befindet, in dem ihm das Lernen für schulische Zwecke nicht als besonders wichtig erscheint. Es muss die Welt entdecken, Freundschaften schließen, Konflikte bewältigen, herausfinden, was es interessiert, und eine Persönlichkeit entwickeln. Natürlich: Als Elternteil weißt du, dass die Schulbildung von zentraler Bedeutung für die Zukunft deines Kindes ist. Und das ist auch richtig so. Dennoch darfst du nicht vergessen, dass schulisches Lernen nicht alles ist und dein Kind möglicherweise dabei ist, Dinge zu lernen, die mindestens genauso relevant sind wie Mathe, Deutsch oder Naturkunde.

Kapitel 13: Fragen und Antworten

 Um dieses Buch abzuschließen, widmen wir uns jetzt einigen Fragen, die du dir vielleicht gerade in diesem Moment stellst.

> ## Wie kann ich mich zum Lernen motivieren, wenn mir das Thema so gar nicht zusagt?

Jeder hat Interessen und Themen, die ihn so gar nicht ansprechen. Das ist ganz normal. Selbst im Verlauf eines Studiengangs, der dich eigentlich total interessiert, wird das eine oder andere Thema aufkommen, für das du dich nicht begeistern kannst. Dann hilft es, dir deine Ziele vor Augen zu halten. Das Thema an sich ist für dich vielleicht nicht interessant, du benötigst es aber, um etwas zu erreichen, das dir wichtig ist. Daraus kannst du Motivation schöpfen. Erinnere dich dabei immer wieder daran, dass auch wieder Themengebiete kommen werden, die dich brennend interessieren werden.

> ## Soll ich ausschließlich an meinen Lerntypen angepasst lernen?

Wann immer du die Möglichkeit dazu hast, hilft es dir, dein Lernen angepasst an deinen Lerntypen zu gestalten. Da es aber nicht immer möglich ist, seinem Lerntyp entsprechend zu lernen, musst du auf Dauer natürlich auch davon abweichend lernen können. Deshalb empfiehlt sich ein Mix aus Lerntyp-spezifischem Lernen und "ganz normalem" Lernen, das sich oft automatisch davon unterscheidet. Im ganz gewöhnlichen Alltag eines Studenten oder Schülers ergibt sich dieser Mix meist völlig zufällig. Schließlich sind die Vorlesungen und Lerngruppen nicht immer an den eigenen Lerntypen oder Lerntypenmix angepasst. Ausschließlich nach deinem Lerntyp zu lernen, ist in der Realität also ohnehin so gut wie unmöglich.

Ich lerne seit Stunden, aber ich komme einfach nicht weiter. Was soll ich tun?

Erinnere dich an das Zitat von Albert Einstein, das in diesem Buch schon einmal zur Sprache kam: "Die Definition von Wahnsinn ist, immer wieder das Gleiche zu tun und andere Ergebnisse zu erwarten." Wenn du seit Stunden versuchst, dir Stoff anzueignen, es aber einfach nicht klappen will, ist es an der Zeit, kreativ zu werden und etwas anderes auszuprobieren. Wende dich an Kommilitonen, suche nach Tutorials oder beschäftige dich erstmal mit einem anderen Thema, bevor du weiter nach dem Knackpunkt suchst.

Wie gestalte ich einen Lerntag optimal?

Es mag abgedroschen klingen, ist deshalb aber nicht weniger wahr: Ein effektiv genutzter Lerntag beginnt mit einem guten Frühstück. Nutze die Ernährungstipps aus Kapitel 1, um deinem Gehirn zum Tagesbeginn zu geben, was es braucht, damit es wirklich leistungsfähig sein kann. Anschließend setzt es ein optimaler Lerntag voraus, dass du dich an deinen Lernplan hältst, die Pausen nicht vergisst und aufhörst zu lernen, sobald du das Gefühl hast, dass dein Tagespensum nicht nur erreicht, sondern bereits überstrapaziert ist.

Gibt es Kurse und ähnliche Angebote, mit denen man das "Lernen lernen" kann?

Die gibt es. Online kann man sich zu verschiedenen Seminaren und Kursen anmelden, die sich speziell mit Lernmethoden und dem optimalen Lernen befassen. Diese unterscheiden sich hauptsächlich danach, ob sie eine Anwesenheit erfordern oder online abgelegt werden können. Onlinekurse bieten den Vorteil, dass du sie ganz flexibel und unabhängig von deinem Wohnort belegen kannst. Bei Kursen mit Anwesenheitspflicht profitierst du dagegen von einem direkten Ansprechpartner, der dir Fragen von Angesicht zu Angesicht beantworten kann.

Schlusswort

Wenn dir dieses Buch gefallen und geholfen hat, dann würde ich mich sehr über dein Feedback freuen. So kannst du anderen Menschen ebenfalls dabei helfen, dass sie ihr Lernverhalten optimieren und so spielend leicht Bestnoten bekommen können.

www.amazon.de/ryp

Auf deinem Weg in ein entspannteres Lernen wünsche ich dir nur das Beste, sodass auch du zu einem Einserkandidaten wirst.
Du schaffst das!

Weitere Werke von KR Publishing

Best of ALLGEMEIN-WISSEN

- Frederik Holm -

In diesem Buch erfährst du:

✓ Warum Allgemeinwissen so wichtig ist.

✓ Wie du Allgemeinwissen am besten und leichtesten lernen und behalten kannst.

✓ Umfassendes Allgemeinwissen zu 16 verschiedenen Themen.

Und noch Vieles mehr!

STOIZISMUS

- Johannes Lichtenberg -

In diesem Buch erfährst du:

✓ Wie du zum Fels in der Brandung wirst und jede Situation meisterst.

✓ Wie du die unerschütterliche Gelassenheit eines Mönchs erlangst.

✓ Wie du resistent gegen Stress wirst und dich nie wieder aufregst.

Und noch Vieles mehr!

Die Klartraum Methode

- Paula Weinbach -

In diesem Buch erfährst du:

✓ Wie du jeden Tag zusätzlich einige Stunden an wertvoller Zeit gewinnst.

✓ Wie du dein Unterbewusstsein erforschen und programmieren kannst.

✓ Wie du komplexe Probleme im Schlaf löst und kreativer wirst.

Und noch Vieles mehr!

Lust auf mehr? Unser Geschenk an dich!

Vielen Dank für den Kauf von diesem Buch und deinem damit verbundenen Vertrauen in uns als Herausgeber und in Frederik Holm als Autor dieses großartigen Buchs. Das bedeutet uns wirklich viel, weshalb wir dir den Ratgeber „Habit Hacks - 10 unscheinbare Schlüssel Gewohnheiten, die dein Leben verändern," als Download schenken - vollkommen gratis! Zudem möchten wir dir die Möglichkeit eines direkten Austauschs mit dem Autor anbieten. So kannst du z.B. deine Fragen, dein Feedback oder deine Anregungen Frederik zukommen lassen - eine tolle Möglichkeit für die Kommunikation zwischen Leser und Autor!

Diese kleinen und unscheinbaren Schlüssel Gewohnheiten verändern dein Leben - erfahre:

✓ wie eine kleine Veränderung beim Duschen deine Disziplin stärkt und dir einen Energiekick verschafft...

✓ wie eine Prise Salz dir einen Kickstart am Morgen verschaffen kann...

✓ wie eine kleine Einstellung an deinem Smartphone & Computer deinen Schlaf verbessert...

✓ und noch weitere geniale und unscheinbare Habit Hacks!

Wenn du bereit bist, dein Leben mit einigen simplen Habit Hacks auf das nächste Level zu bringen, dann gehe jetzt auf

<u>www.KRPublishing.de/ein</u>

und sichere dir dein kostenloses Exemplar als digitalen Download.

Impressum

Herausgeber:

KR Publishing UG (haftungsbeschränkt)
Mundsburger Damm 26
22087 Hamburg
Deutschland

Printed in Germany
by Amazon Distribution
GmbH, Leipzig

20170778R00077